U0650880

印 顺 法 师 佛 学 著 作 系 列

空之探究

释印顺 著

中华书局

图书在版编目（CIP）数据

空之探究/释印顺著. —北京:中华书局,2011.4(2023.6
重印)

（印顺法师佛学著作系列）

ISBN 978-7-101-07857-2

Ⅰ.空… Ⅱ.释… Ⅲ.佛教-研究 Ⅳ.B948

中国版本图书馆 CIP 数据核字（2011）第 037026 号

经台湾财团法人印顺文教基金会授权出版

书 名	空之探究	
著 者	释印顺	
丛 书 名	印顺法师佛学著作系列	
责任编辑	陈 平	
责任印制	陈丽娜	
出版发行	中华书局	
	(北京市丰台区太平桥西里 38 号 100073)	
	http://www.zhbc.com.cn	
	E-mail:zhbc@zhbc.com.cn	
印 刷	三河市宏盛印务有限公司	
版 次	2011 年 4 月第 1 版	
	2023 年 6 月第 6 次印刷	
规 格	开本/880×1230 毫米 1/32	
	印张 7¼ 插页 2 字数 152 千字	
印 数	8301-9300 册	
国际书号	ISBN 978-7-101-07857-2	
定 价	40.00 元	

"印顺法师佛学著作系列"出版说明

释印顺(1906—2005)，当代佛学泰斗，博通三藏，著述宏富，对印度佛教、中国佛教的经典、制度、历史和思想作了全面深入的梳理、辨析与阐释，取得了一系列重要学术成果，成为汉语佛学研究的杰出典范。同时，他继承和发展了太虚法师的人生佛教思想，建立起自成一家之言的人间佛教思想体系，对二十世纪中叶以来汉传佛教的走向产生了深刻影响，受到佛教界和学术界的的高度重视。

经台湾印顺文教基金会授权，我局于2009年出版《印顺法师佛学著作全集》(23卷)，系统、全面地介绍了印顺法师的佛学研究成果和思想，受到学术界、佛教界的广泛欢迎。应读者要求，我局今推出"印顺法师佛学著作系列"，将印顺法师的佛学著作以单行本的形式逐一出版，以满足不同领域读者的研究和阅读需要。为方便学界引用，《全集》和"系列"所收各书页码完全一致。

"印顺法师佛学著作系列"的编辑出版以印顺文教基金会提供的台湾正闻出版社出版的印顺法师著作为底本，改繁体竖排为简体横排。以下就编辑原则、修订内容,以及与正闻版的区别等问题,略作说明。

编辑原则

编辑工作以尊重原著为第一原则,在此基础上作必要的编辑加工,以符合大陆的出版规范。

修订内容

由于原作是历年陆续出版的,各书编辑体例、编辑规范不一。我们对此作了适度统一,并订正了原版存在的一些疏漏讹误,主要包括以下几项:

1. 原书讹误的订正:

正闻版的一些疏漏之处,如引文、纪年换算、人名、书名等,本版经仔细核查后予以改正。

2. 标点符号的订正:

正闻版的标点符号使用不合大陆出版规范处甚多,本版作了较大幅度的订正。特别是正闻版对于各书中出现的经名、品名、书名、篇名,或以书名号标注,或以引号标注,或未加标注;本版则对书中出现的经名(有的书包括品名)、书名、篇名均以书名号标示,以方便读者。

3. 梵巴文词汇的删削订正:

正闻版各册(特别是专书部分)大都在人名、地名、名相术语后一再重复标出梵文或巴利文原文,不合同类学术著作惯例,且影响流畅阅读。本版对梵巴文标注作了适度删削,同时根据《望月佛教大辞典》、平川彰《佛教汉梵大辞典》、荻原云来《梵和大辞典》等工具书,订正了原版的某些拼写错误。

4.原书注释中参见作者其他相关著作之处颇多,为方便读者查找核对,本版各书所有互相参见之处,均分别标出正闻版和本版两种页码。

5.原书中有极少数文字不符合大陆通行的表述方式,征得著作权人同意,在不改变文义的前提下,略作删改。

印顺法师佛学著作对汉语佛学研究有极为深广的影响,同时在国际佛学界的影响也日益突出。我们希望"印顺法师佛学著作系列"的出版,有助于推进我国的佛教学以及相关学科的研究。

中华书局编辑部

二○一一年三月

目　　录

序

　　我在《中观今论》中说:"在师友中,我是被看作研究三论或空宗的。"我"对于空宗根本大义,确有广泛的同情",但"我不能属于空宗的任何学派"。问题是:我读书不求甚解,泛而不专,是不适于专弘一宗,或深入而光大某一宗的。还有,面对现实的佛教,总觉得与佛法有一段距离。我的发心修学,只是对佛法的一点真诚,希望从印度传来的三藏中,理解出行持与义解的根源与流变,把握更纯正的,更少为了适应而天(神)化、俗化的佛法。这是从写作以来,不敢忘失的方针。

　　前几年,为了《初期大乘佛教之起源与开展》的写作,在阅读《般若经》时,想起了三十多年前《中观今论》的一个见解:"《中论》是《阿含经》的通论";"《中论》确是以大乘学者的立场,……抉发《阿含经》的缘起深义,将(大乘)佛法的正见,确树于缘起中道的磐石"。这一论断,出于个人,不一定能受到佛学界的认可。对于《般若经》的空义,既有了较明确的理解,不如从阿含、部派、般若、龙树,作一番"空之探究",以阐明空的实践性与理论的开展。这一构想,就是写作本书的动机。

　　本书的主题就是"空"。简单地说:阿含的空,是重于修持

的解脱道。部派的空,渐倾向于法义的论究。般若的空,是体悟
的"深奥义"。龙树的空,是《般若经》的假名、空性,与《阿含
经》缘起、中道的统一。"大乘佛法"的一切法空,不离"佛
法"——缘起中道的根本立场,是中论(理论的),也是中观(实
践的)。虽然名为"探究",其实只是引述经论来说明,没有自己
的发挥。最近见到"世界佛学名著译丛"目录,知道有梶山雄一
等的集体著作——《般若思想》与《中观思想》,没有能读到与参
考,非常遗憾!希望能有一些共同的看法!

一九八四年十一月二十九日
自序于台中华雨精舍

第一章 《阿含》
——空与解脱道

一 引 言

空与空性,是佛法中的重要术语。在佛法的弘传流通中,"空"义不断地发扬,从佛被称为"空王",佛教被称为"空门",就可以想见空义的广大深远了。然空与空性的早期意义,到底表示了什么? 在什么情况下,空性竟表示了最普遍的真理、绝对的真理呢?

佛法所处理的问题,本是当时印度宗教界的共同问题。面对生而又死、死而又生——"生死流转"的事实,而求得生死的彻底解脱——涅槃,也就是最高理想的实现。事实与理想,原则上大致相近,而怎样来实现解脱,各教派所提出的见解与方法却各不相同。释尊基于人生真义的大觉,提出了独到的正道——中道。释尊的原始教说,实际上并没有以空为主题来宣扬,但佛法的特性,确乎可以"空"来表达。所以在佛法中,空义越来越重要,终于成为佛法甚深的主要论题。

　　空与空性,先依初期圣典来观察。哪些是初期圣典呢? 代表初期的契经,现存汉译的四阿含经,及巴利藏的五部。汉译的是:一、《杂阿含经》,宋求那跋陀罗译(佚失二卷)。二、《中阿含经》,东晋僧伽提婆译。这二部,是说一切有部的诵本。三、《长阿含经》,后秦佛陀耶舍共竺佛念译,是法藏部的诵本。四、《增一阿含经》,苻秦昙摩难提译出,由东晋僧伽提婆改正,是大众部末派的诵本,已有大乘思想。此外,有《别译杂阿含经》,失译,是《杂阿含经》的一部分,可能是饮光部的诵本。巴利藏五部是:一、《长部》;二、《中部》;三、《相应部》(与《杂阿含经》相当);四、《增支部》。这四部,与四阿含经相当。五、《小部》,共十五种,其中,二、《法句》;五、《经集》。《经集》分《蛇品》、《小品》、《大品》、《义品》、《彼岸道品》,是《小部》中成立比较早的。这五部,是赤铜鍱部的诵本。这些早期教说,《杂阿含经》是其他三阿含的根本。《杂阿含经》可分为三类:一、“修多罗”,是简短的散文。原始结集者,将一则一则的佛说,随类而集成四部:五蕴、六处、因缘、道品。这是随类而集成的,所以名为相应教。相应也有杂厕的意思。这是最原始的教说,不过现存的已杂有后出的成分。二、“祇夜”,与《相应部》的《有偈品》相当。祇夜本是一切偈颂的通称,由于《有偈品》成为相应修多罗的一分,其他偈颂,如《法句》、《经集》等,就被称为“伽陀”、“优陀那”了。三、“记说”,有“弟子记说”与“如来记说”。“弟子记说”重于分别法义,已有解说“祇夜”的经说。《杂阿含经》有这三分,集出是有次第先后的①。现存的汉译与巴利文藏,不但集出有先后,而且都是部派的诵本,含有部派的成分,这是不可不加注意的! 现在,先从共通的、简要的空义说起,作为全论的引言。

在初期圣典中,空与住处有关,如《相应部》(五四)"入出息相应"(南传一六下·一八一)说:

> "比丘! 往阿练若,往树下,往空屋,结跏趺坐,正身,修普前念,正念入息,正念出息。"②

佛与出家弟子的修行处,经中一再说到:阿练若、树下、空屋。这三处是最一般的,还有岩洞、冢间等地方。空屋(suññāgāra),或译为空闲处、空舍、空所、静室等。与 suññāgāra 大体相同的,还有译为空舍的 suñña-geha③。空屋、空舍,是旷野处的小屋,适合于修习禅观的住处④。此外,有当时宗教传说中的空宫殿,如《长部》(二四)《波梨经》(南传八·三六——三七)说:

> "世界生时,空虚梵天宫现。时有有情寿尽,或功德因尽,光音天没,空虚梵天宫生。"

---

① 详见拙作《原始佛教圣典之集成》(八)"原始集成之相应教"。
② 《杂阿含经》卷二九(大正二·二〇六上)。
③ 《相应部》(四)"恶魔相应"(南传一二·一八一——一八二)。《杂阿含经》卷三九(大正二·二八五中)。
④ 参阅早岛镜正《初期佛教与社会生活》(二五三)。

空虚梵天宫,《长阿含经》译为"空梵处"①。这是适应印度创造神的梵天信仰,而给以佛教的解说。又有樊宿王不净布施,死后生于"椑树林空宫殿"的传说②。空宫殿,表示宫殿里是没有别人的,如《阿瓷夷经》说:"我先至此,独一无侣。"③天上的空宫殿,人间的空屋,本来是世俗语言,并没有什么特殊意义,空只是没有什么人、物而已。但作为修行者的住处——空屋、空舍,却启发了一项深远的意义。住在空屋中,没有外来的嚣杂烦扰,当然是宁静的、闲适的。在这里修习禅慧,不为外境所惑乱,不起内心的烦(动)恼(乱),这种心境,不正如空屋那样的空吗?《杂阿含经》说:"犹如空舍宅,牟尼心虚寂。""云何无所求,空寂在于此,独一处空闲,而得心所乐。"④明确地表示了以空屋来象征禅心空寂的意义。所以在空屋中修行,空屋是修行者的住处;修行者的禅慧住处,正如空屋那样,于是就称为空住、空住定了。如毗诃罗(vihāra),后来几乎是寺院的通称。然在古代,vihāra也是旷野的小屋,修行者作为风雨酷热时暂时休憩的住处。这是修行者的住处,所以禅慧安住的境地也名为住,而有空住、寂静住等名目。总之,在空闲处修行,引起了以空来象征禅慧的境地,是"空"义不断昂扬的初期意义。

空住,是佛教初期被尊重的禅慧,如《杂阿含经》卷九(大正二·五七中)说:

----

① 《长阿含经》(一五)《阿瓷夷经》(大正一·六九中)。

② 《长部》(二三)《樊宿经》(南传七·四〇六——四〇八)。《中阿含经》(七一)《蜱肆王经》(大正一·五三二上)。

③ 《长阿含经》(一五)《阿瓷夷经》(大正一·六九中)。

④ 《杂阿含经》卷三九(大正二·二八五中),又卷四四(大正二·三一八中)。

"舍利弗白佛言:世尊! 我今于林中入空三昧禅住。佛
告舍利弗:善哉! 善哉! 舍利弗! 汝今入上座禅住而坐禅。"

此经,巴利藏是编入《中部》的,名为《乞食清净经》。比较
起来,《杂阿含经》的文句简要得多,应该是初集出的。《乞食清
净经》中,舍利弗说:"我今多住空住。"佛赞叹说:"空住是大人
住。"①大人住,《杂阿含经》作"上座禅住"。上座,或译"尊者",
所以《瑜伽论》作"尊胜空住"②。无论是大人住,尊胜空住,都
表示了在一切禅慧中,空住是伟大的、可尊崇的。传说佛灭百
年,举行七百结集时,长老一切去多入空住。分别说系的律典,
也称之为"大人三昧";《十诵律》作"上三昧行"③。可见空
住——空三昧,在佛教初期,受到了佛教界的推崇。舍利弗与一
切去的空住,都是在静坐中,但佛对舍利弗说:要入上座禅住的,
在出入往来乞食(行住坐卧)时,应该这样地正思惟:在眼见
色,……意知法时,有没有"爱念染著"④? 如有爱念染著,那就
"为断恶不善故,当勤欲方便堪能系念修学"。如没有,那就"愿
以此喜乐善根,日夜精勤系念修习"。这可见修习空住,不仅是
静坐时修,更要应用于日常生活中,安住远离爱念染著的清净。
离去爱念染著,是空;没有爱念染著的清净,也是空。空,表示了

---

① 《中部》(一五一)《乞食清净经》(南传一一下·四二六)。
② 《瑜伽师地论》卷九〇(大正三〇·八一二中)。
③ 《赤铜鍱律·小品》(南传四·四五四)。《弥沙塞部和醯五分律》卷三〇
(大正二二·一九三下)。《四分律》卷五四(大正二二·九七〇下)。《十诵律》卷
六〇(大正二三·四五三上)。
④ "爱念染著",《中部》(一五一)《乞食清净经》作"心欲或贪或恚或痴或嗔"
(南传一一下·四二六——四二八)。

离爱染而清净的境地。《中部》的《空小经》、《空大经》,是依此经所说的空住,修习传弘而又分别集出的。在空的修行中,这是值得尊重的"空经"。

《义品》的答摩犍提所问偈,说到了"空诸欲"①。空诸欲是什么意义? 偈颂简略不明,摩诃迦旃延分别解说为:

> "何为已空诸欲者? 居士! 若人于此诸欲,离贪,离欲,离爱,离渴,离热烦,离渴爱,居士! 如是为已空诸欲者。"②

"空诸欲",《杂阿含经》约空五欲说,而实不限于五欲的。诸欲的欲,包含了贪、欲、爱、渴、热烦、渴爱,正是系缚生死的,缘起支中渴爱支的种种相,也就是四谛中爱为集谛的爱。空诸欲与空住的意义相通,都是着重于离爱而不染著的。

《经集》的"彼岸道品"偈,说到了"观世间空"③。所说的世间空,或译作空世间。阿难曾提出来问佛:空世间是什么意义? 如《相应部》(三五)"六处相应"(南传一五·八七——八八)说:

> "阿难! 眼,我我所空;色,我我所空;眼识,我我所空;眼触,我我所空;眼触因缘所生受,若苦若乐若非苦非乐,我

---

① 《经集》(四)《义品》(南传二四·三二七)。《佛说义足经》卷上(大正四·一八○中)。

② 《相应部》(二二)"蕴相应"(南传一四·一六——一七)。《杂阿含经》卷二○(大正二·一四四下)。

③ 《经集》(五)《彼岸道品》(南传二四·四二五)。

我所空。……意触因缘所生受，若乐若苦若非苦非乐，我我
所空。阿难！我我所空故，名空世间。"

世间，佛约眼等内六处、色等六外处、六识、六触、六受
说。这些，都是可破坏的，破坏法所以名为世间①。六处等
我我所空，名为空世间。以无我我所为空，是空三昧的一般
意义。

《相应部》的"质多相应"，说到了四种心解脱——无量心解
脱、无所有心解脱、空心解脱、无相心解脱（《杂阿含经》作四种
心三昧）。四种心解脱，名字不同，意义当然也不同了。但都是
心解脱，也就可说文异义同。约意义不同说，空心解脱是"我、
我所有空"，与"空世间"义一致。如约意义相同说，无量、无所
有、无相——三种心解脱，修到最第一的，是不动心解脱。"不
动心解脱者，染欲空，嗔恚空，愚痴空。"②这是说，无量等心解脱
修到究竟处，是不动心解脱，也就是空心解脱。贪、嗔、痴，是烦
恼的大类，可以总摄一切烦恼的。离一切烦恼的不动心解脱，就
是阿罗汉的见法涅槃。涅槃或无为，《阿含经》是以"贪欲灭，嗔
恚灭，愚痴灭"——贪、嗔、痴的灭尽来表示的③。所以四种心解
脱的共同义，就是贪、嗔、痴空的心解脱。不同名字的心解脱，不
外乎空心解脱，在修行方便上的多样化。依上来所说（空五欲、

---

①　《相应部》（三五）"六处相应"（南传一五·八三——八四）。《杂阿含
经》卷九说："危脆败坏，是名世间。"（大正二·五六中）

②　《相应部》（四一）"质多相应"（南传一五·四五〇——四五三）。《杂阿含
经》卷二一（大正二·一四九下——一五〇上）。

③　《相应部》（四三）"无为相应"（南传一六上·七七）。《杂阿含经》卷三一
（大正二·二二四中）。

空世间、空心解脱的说明，都属于"弟子记说"），可见空与离烦恼的清净解脱，是不能分离的。

"空诸欲"，"空世间"——我我所空，"贪、嗔、痴空"，都是依生死世间说空的。如彻底的贪空、嗔空、痴空，贪、嗔、痴永灭，也就显示了出世的涅槃。《相应部》说到了这样的文句：

> "如来所说法，甚深，义甚深，出世间空性相应。"①

佛说的法，为什么甚深？因为是"出世间空性"相应的。出世间空性，是圣者所自证的；如来所说而与之相应，也就甚深了。出世间空性，是难见难觉，唯是自证的涅槃甚深。佛依缘起说法，能引向涅槃，所以缘起也是甚深了。阿难以为，佛说"此缘起甚奇，极甚深，明亦甚深，然我观见至浅至浅"，以此受到了佛的教诫②。这样，甚深法有二：缘起甚深，涅槃甚深。如《杂阿含经》卷一二（大正二·八三下）说：

> "此甚深处，所谓缘起。倍复甚深难见，所谓一切取离，爱尽，无欲，寂灭，涅槃。如此二法，谓有为、无为。"

《相应部》的"梵天相应"、《中部》的《圣求经》等，也都说到了缘起与涅槃——二种甚深③。涅槃甚深，缘起怎样的与之相

① 《相应部》（二〇）"譬喻相应"（南传一三·三九五），又（五五）"预流相应"（南传一六下·三一九）。
② 《中阿含经》（九七）《大因经》（大正一·五七八中）。《长阿含经》（一三）《大缘方便经》，《长部》（一五）《大缘经》，大同。
③ 《相应部》（六）"梵天相应"（南传一二·二三四）。《中部》（二六）《圣求经》（南传九·三〇一）。

应呢？依缘起的"此有故彼有,此生故彼生",阐明生死的集起;依缘起的"此无故彼无,此灭故彼灭",显示生死的寂灭——涅槃。缘起是有为,是世间,是空,所以修空(离却烦恼)以实现涅槃;涅槃是无为,是出世间,也是空——出世间空性。《杂阿含经》在说这二种甚深时,就说:"说贤圣出世空相应缘起随顺法。"①"出世空相应缘起随顺法",透露了"空"是依缘起而贯彻于生死与涅槃的。这虽是说一切有部所传,但是值得特别重视的!

二 泛说解脱道

空与空性,是佛法解脱道的心要,与解脱道是不相离的。在佛法的开展中,解脱道引起的多方面开展,空、与空有关的方便,也就多方面开展而有种种。这里,依据早期的经说,从种种解脱道中,对"空"作进一步的探究。

佛说的解脱道,原始是以八正道为本的。因机设教,成立不同的道品。古人依道品的数目次第,总列为:四念处,四正勤,四神足,五根,五力,七菩提分,八圣道分。七类共三十七道品,成为佛教界的定论②。说一切有部论师,以此为进修次第的全部历程,未必与事实相符,这不过是条理总贯,作如此解说而已。八正道的内容,不外乎戒、心、慧——三学。经上说:戒、定、慧、

---

① 《杂阿含经》卷一二(大正二·八三下),又卷四七说:"如来所说修多罗,甚深,明照,空相应随顺缘起法。"(大正二·三四五中)

② 唯有分别论者,于三十七道品外,加四圣种,立四十一道品,见《阿毗达磨大毗婆沙论》卷九六(大正二七·四九九上)。

解脱①;"戒清净,心清净,见清净,解脱清净"②,正是以戒、定、慧的修习而实现解脱。然从圣道的修习来说,经中或先说闻法,或先说持戒,而真能部分地或彻底地断除烦恼,那就是定与慧了。化地部说"道唯五支"③,不取正语、正业、正命(这三支是戒所摄)为道体,也是不无意义的。

定与慧,要修习而成。分别地说:修止——奢摩他(śamatha)可以得定,修观——毗钵舍那(vipassanā)可以成慧。止是住心于一处,观是事理的观察,在修持上,方法是不相同的。但不是互不相关,而是相互助成的,如《杂阿含经》卷一七(大正二·一一八中)说:

> "修习于止,终成于观;修习观已,亦成于止。谓圣弟子止观俱修,得诸解脱界。"

依经说,有先修止而后成观的,有先修观而后成止的。一定要止观双修,才能得(浅深不等的)种种解脱界。《增支部》分为四类:一、修止而后修观;二、修观而后修止;三、止观俱修;四、掉举心重的,在止观中特重于修止④。这可见,止与观,定与慧,可以约修持方法而分别说明,而在修持上,有着相成的不可或缺的关系。所以《大毗婆沙论》引《法句》说:"慧阙无静虑(禅),静

---

① 《长部》(一六)《大般涅槃经》(南传七·一○三)。《长阿含经》(二)《游行经》(大正一·一七中)。

② 《杂阿含经》卷二一(大正二·一四八下——一四九上)。《增支部》"四集"(南传一八·三四二——三四四)。

③ 《论事》(南传五八·三九七——三九九)。

④ 《增支部》"四集"(南传一八·二七六)。《杂阿含经》卷二一(大正二·一四六下——一四七上)。

虑阙无慧。是二具足者,去涅槃不远。"①

说到定,经中的名目不一。在佛功德"十力"的说明中,列举了四类:一、禅,意译为静虑,旧译作思惟修。二、解脱,旧译为背舍。三、三摩地——三昧,意译为等持、定。四、三摩钵底,意译为等至,旧译作正受。四类中,禅是从初禅到四禅的专称。四禅也是等至,如加上四无色处,合名八等至。再加灭尽定,名为九次第(定)等至。这九定,是有向上增进次第的。又如四禅、四无量、四无色定,都是等至,合名十二甘露门。三摩地,是空等三三摩地、有寻有伺等三三摩地。三摩地,也是一般定法的通称。解脱,是八解脱。这四种名义不同,都含有多种层次或不同类的定法。此外,如三摩呬多意译为等引、心一境性、心、住,也都是定的一名(都没有组成一类一类的)。

佛教所说的种种定法,多数是依观想成就而得名的。其中,最原始最根本的定法,应该是四种禅,理由是:一、佛是依第四禅而成正觉的,也是从第四禅出而后入涅槃的;在家时出外观耕,也有在树下入禅的传说。二、依经文的解说,在所有各种道品中,正定是四禅②,定觉支是四禅③,定根是四禅④,定力也是四禅⑤。三、四禅是心的安定,与身——生理的呼吸等密切相关。

————————

① 《阿毗达磨大毗婆沙论》卷一三四(大正二七·六九三中)。
② 《相应部》(四五)"道相应"(南传一六上·一五三——一五四)。《中部》(一四一)"谛分别经"(南传一一下·三五五)。
③ 《杂阿含经》卷二七(大正二·一九三上)。
④ 《相应部》(四八)"根相应"(南传一六下·一〇)。《杂阿含经》卷二六(大正二·一八三中,一八四上)。
⑤ 《杂阿含经》卷二六(大正二·一八五下,一八八上,一八八下)。《增支部》"五集"(南传一九·一五——一六)。

在禅的修习中，以心力达成身心的安定，也以身息来助成内心的安定、寂静。次第进修，达到最融和最寂静的境地。禅的修学，以"离五欲及（五盖等）恶不善法"为前提，与烦恼的解脱（空）相应，不是世俗那样，以修精炼气为目的。从修行的过程来说，初禅语言灭而轻安，二禅寻伺灭而轻安，三禅喜灭而轻安，四禅（乐灭）入出息灭而轻安①，达到世间法中，身心轻安，最寂静的境地。四禅有禅支功德，不是其他定法所能及的。四、在戒、定、慧的修行解脱次第中，如《中部》（三八）《爱尽大经》，（三九）《马邑大经》，（五一）《迦尼达拉经》，（五三）《有学经》，（七六）《萨尼达迦经》，（一一二）《六净经》，（一二五）《调御地经》；《中阿含经》（六五）《乌鸟喻经》，（八〇）《迦绨那经》，（一四四）《算数目揵连经》。这些经一致地说："得四禅"而后漏尽解脱。或说具三明，或说得六通，主要是尽漏的明慧。依此四点，在解脱道中，四禅是佛说定法的根本，这应该是无可怀疑的！

　　说到慧，就是般若。般若是解脱道的先导，也是解脱道的主体，没有般若，是不可能解脱生死的。如经说："我说知见能得漏尽，非不知见"；"我不说一法不知不识，而得究竟苦边。"②如实知见在解脱道中，是必要而又优先的，所以说："此五根，一切皆为慧根所摄受。譬如堂阁众材，栋为其首，皆依于栋，以摄持故。"③与慧有关的名词，经中所说的极多，如八正道中的正见、

---

　　①　《相应部》（三六）"受相应"（南传一五·三三六——三三七）。
　　②　《相应部》（一二）"因缘相应"（南传一三·四二）；又"谛相应"（南传一六下·三六〇）。《杂阿含经》卷八（大正二·五五中）。
　　③　《杂阿含经》卷二六（大正二·一八三中）。《相应部》（四八）"根相应"（南传一六下·五七）。

正思惟,七菩提分中的择法,四神足中的观;观,随观,知,见,智等。表示证智方面的,如说:"如实知,见,明,觉,悟,慧,无间等(现观),是名为明。"①

经中处处说到,先以如实知,然后厌(离)、离欲、灭而得解脱。到底如实知些什么?哪些是应该如实知的?将种种经说统摄起来,不外乎下面这几例:

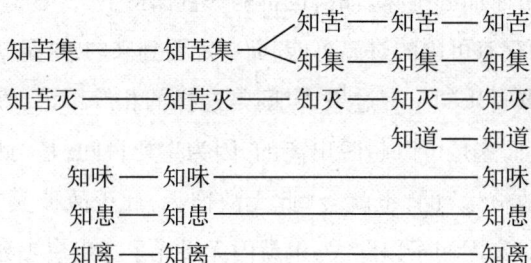

```
                              知苦——知苦——知苦
知苦集————知苦集——|
                              知集——知集——知集
知苦灭————知苦灭——知灭——知灭——知灭
                              知道——知道
知味——知味——————————知味
知患——知患——————————知患
知离——知离——————————知离
```

在(以正见为首的)正道的修习中,应知生死苦的所以集起,生死苦的可以灭尽,也就是知缘起的"如是纯大苦聚集"、"如是纯大苦聚灭"。苦是什么?是生死法,是五蕴,是眼等六处,或是六界,总之,是有情当前的身心自体,经中每一一地作分别说明。如依世俗来说,世间是有苦有乐的。《杂阿含经》说"世尊说苦乐从缘起生"②,又说"我论因说因"③。佛对苦、乐、非苦非乐,而实"诸受皆苦"的生死现实,总是依因缘来说明的。佛常说"离于二边,处中说法"(或译作"离是二边说中道"),就

---

① 《杂阿含经》卷九(大正二·六〇下)。

② 《杂阿含经》卷一四(大正二·九三下)。《相应部》(一二)"因缘相应"(南传一三·五五)。

③ 《杂阿含经》卷二(大正二·一二下)。

是缘起(不一定是十二支)的苦集与苦灭。苦集,如分别来说,那么苦是身心苦聚,造成苦聚的原因名为集。如再加修行的道,就是苦,苦之集,苦之灭,至苦灭之道——简称苦、集、灭、道四谛了。所以知缘起与知四谛,不过说明的小小不同而已。世间不只是忧苦的,也有可喜可乐的一面,所以苦受以外有乐受。由于是可喜乐的,所以会心生味著,这是知味。世间的忧苦是可厌的,可喜可乐而心生味著的,也不能一直保持下去,终于要变坏,可味著的存有可厌的过患可能,而一定要到来的,这是知患。苦是可厌的,喜乐的也有过患,世间是这样的相续不已,真是无可奈何!然而这是可以超脱出离的,因为生死世间,是"此有故彼有,此生故彼生"的,也就会"此无故彼无,此灭故彼灭"的。所以,如知其集因而予以除去,也就因无果无了。出离生死苦是可能的,是知离。知味、知患、知离,是苦集与苦灭的又一说明。综合起来说明的,是七处善知,如《七处三观经》说。

四谛等都是应该如实知的,而苦谛又应该遍知,如《杂阿含经》卷一五(大正二·一〇四中)说:

> "于苦圣谛当知当解,于苦集圣谛当知当断,于苦灭圣谛当知当证,于苦灭道迹圣谛当知当修。"

四谛都应该知,而苦谛更应该解。参照《相应部》及《瑜伽师地论》,知道解是遍知的异译①。遍知苦,断苦集,现证苦灭,修习苦灭道,这就是在正道的修习中,遍知苦、断集而证灭,达成

---

① 《相应部》(五六)"谛相应"(南传一六下·三四一)。《瑜伽师地论》卷九五(大正三〇·八四三中)。

了解脱生死的目的。

解脱道从知苦着手①。知苦,是知五蕴、六处,一切有漏法,应怎样地如实观察呢? 经中所说的,主要是:

1. 无常　苦　　　无我
2. 无常　苦　　　无我我所②
3. 无常　苦　空　无我

无常、苦、无我,或说无我我所。观察无常、苦、无我(我所)而得解脱,是《相应部》及《杂阿含经》所常见的。南传佛教所传弘的着重于此。说一切有部用无常、苦、空、无我义,也是《阿含经》所共说的。如《杂阿含经》说:"如病,如痈,如刺,如杀;无常,苦,空,非我。"③《相应部》作:"无常;苦,疾,痈,刺,痛,病,他(或译为"敌"),坏;空;无我。"④《中部》与《增支部》,也有同样的文句⑤。在无常与空中间,所有苦、病、痈、刺、痛、疾、敌、坏,都是表示苦的。所以《相应部》将痈等列于苦下,《杂阿含经》别列痈等于前,虽次第不同,而"无常、苦、空、无我"的实质,并没有差别。无常、苦、无我(我所);无常、苦、空、无我,都是《杂阿含经》与《相应部》所说的,不过部派间所取不同,解说也小小差别,成为部派佛教的不同特色。无常的,所以是苦的;无常苦变易法,所以是无我我所的。无我我所是空的要义,广义是

———————————

① 遍知,是知而能断的,所以古立"智遍知"、"断遍知"——二遍知。

② "无我我所",《杂阿含经》每作三句:非是我,非异我,非相在(如色在我中,我在色中),《相应部》也作三句:非我所,非我,非我的我。

③ 如《杂阿含经》卷一〇(大正二·六五中)。

④ 《相应部》(二二)"蕴相应"(南传一四·二六二)。

⑤ 《中部》(六四)《摩罗迦大经》(南传一〇·二三七——二三八);《增支部》"四集"(南传一八·二二六)等。

离一切烦恼的空寂。空与无我的联合，只表示无我与无我所；无我我所是空的狭义。所以我曾说："佛法的初义，似乎只有无常、苦、无我三句。把空加上成为(苦谛的)四行相，似乎加上了空义，而实是把空说小了。"①无常故苦，无常苦故无我无我所，就是空，这是解脱的不二门。古人依无常、苦、无我，立三解脱门，可见空在定慧修证中的重要了！

三　空与心解脱

在定慧的修习中，所有的方便不一，随观想的不同，修习成就，成为种种的定法。这不是偏于定，而是从定得名。在佛教界类集、分别的学风(本于佛说，经弟子们的发展，成为阿毗达磨)中，多方面传出定法，或经过论辩，然后成为定论。修证者所传的内容，不但名称不一，即使名称相同的，含义也有浅有深。因为这些名称绝大多数是世俗固有的名词，"空"也不例外，随俗立名，加上弘传者的程度参差，意义也就难以一致了。这是理解种种定法所必要注意的。

与空有密切关系的定法，主要是四种心三昧，《相应部》作心解脱。《杂阿含经》卷二一(大正二·一四九下)说：

> "质多罗长者问尊者那伽达多：此诸三昧，为世尊所说？为尊者自意说耶？尊者那伽达多答言：此世尊所说。"

_____

①　拙作《性空学探源》(三三，本版二三)。

从那伽达多与质多罗的问答,可见当时所传的定法,有些是佛说的,有些是弟子们传授时自立名目的。这四种心三昧(或心解脱),那时也还没有达到众所周知的程度,所以有此问答。与此相当的《相应部》经,问答者是牛达多与质多长者①。又编入《中部》(四三)《有明大经》。是舍利弗为大拘绨罗说的②。依《相应部》,四种心解脱是:无量心解脱,无所有心解脱,空心解脱,无相心解脱。问题是,这四种心解脱,到底是文异义异,还是文异义同呢?依质多长者的见解,可从两方面说。一、名称不同,意义也就不同。不同的是:无量心解脱,是慈、悲、喜、舍——四无量定;无所有心解脱,是四无色中的无所有处定;空心解脱,是思惟我我所空;无相心解脱,是一切相不作意,得无相心三昧。二、名称虽然不同,而意义可说是一致的。这是说:贪、嗔、痴(代表了一切烦恼)是量的因,漏尽比丘所得无量心解脱中,不动心解脱最为第一;不动心解脱是贪空、嗔空、痴空,贪、嗔、痴空即超越于限量,是漏尽比丘的究竟解脱(不动阿罗汉)。同样的意义,贪、嗔、痴是障碍,贪、嗔、痴空即超越于所有③,不动心解脱是无所有心解脱中最上的。贪、嗔、痴是相的因,贪、嗔、痴空即超越于相,不动心解脱是无相心解脱中最上的。经中说无量、无所有、无相,却没有说到空心解脱,这因为空于贪、嗔、痴的不

① 《相应部》(四一)"质多相应"(南传一五·四五〇——四五二)。参阅18页注①。
② 《中部》(四三)《有明大经》,与《中阿含经》(二一一)《大拘绨罗经》相当,但《中含》没有这部分问答。
③ 《瑜伽师地论》卷八七说:"当知此中极鄙秽义,是所有义。"(大正三〇·七九二上)

动心解脱,就是空心解脱的别名。从文异而义同来说,无量心解脱、无所有心解脱、无相心解脱,达到究竟处,与空心解脱——不动心解脱,平等平等。依观想的方便不同,有四种心解脱的名目,而从空一切烦恼来说,这是一致的目标,如万流入海,都是咸味那样。

《杂阿含经》的四种心三昧,从名称不同而意义也不同来说,与《相应部》所说是一致的。但从名称不同而意义相同来说,《杂阿含经》的文句与《相应部》有些出入。如《经》卷二一(大正二·一五〇上)说:

"云何法一义种种味(味是名的旧译)?答言:尊者!谓贪有量,(恚、痴是有量,)若无诤者第一无量。谓贪者是有相,恚、痴者是有相,无诤者是(第一)无相。贪者是所有,恚、痴者是所有,无诤者是(第一)无所有。复次,无诤者,空于贪,空于恚、痴,空常住不变易,空非我非我所。是名法一义种种味。"

《相应部》的不动心解脱,《杂阿含经》作无诤,应该是无诤住或无诤三昧的简称①。诤有三类,烦恼也名为诤——烦恼诤,所以无诤是没有一切烦恼,与空一切烦恼的不动心解脱相当。《相应部》说了无量等三种心解脱中最第一的,是贪空、嗔空、痴空,不再说空心解脱,那是以不动心解脱为空心解脱了。《杂阿

---

① 《阿毗达磨大毗婆沙论》卷一〇五说:"大德瞿达多!当知贪欲、嗔恚、愚痴是相,有不动心解脱,是最胜无相。"(大正二七·五四二上)《论》说的瞿达多,即牛达多,与《相应部》相同,反而与《杂阿含经》不合。

含经》说明无量等三种中，无诤最为第一，然后又解说无诤是："空于贪,空于恚、痴;空常住不变易,空非我非我所。"解说无诤,也就是解说空心三昧。无诤与空,是有关系的,如《中阿含经·拘楼瘦无诤经》末了说:"须菩提族姓子,以无诤道,于后知法如法。知法如真实,须菩提说偈,此行真实空,舍此住止息。"①总之,四种心解脱中最上的,是空于贪、恚、痴的不动心解脱,或无诤住,也就是心解脱(或心三昧)而达究竟,不外乎空的究竟完成。无量、无所有、无相、无诤、不动,从烦恼空而清净来说,都可以看作空的异名。

无诤——阿练若,本是修行者的住处,由于住处宁静,没有烦累,象征禅慧的境地,而名为无诤住、无诤三昧。这与"空"本用来形容住处的空旷,没有人物的烦累,也就用来象征禅慧,而有空住、空三昧等名目,情境是完全一样的。

四　无　量

无量、无所有、无相、空——四名的内容,以下分别地加以探究。

慈、悲、喜、舍——四无量定,也名无量心解脱、无量心三昧,或名四梵住。四无量遍缘无量有情,所以是"胜解作意俱生假想起故"②。或依定而起慈等观想,或依慈等观想而成定。在定

① 《中阿含经》(一六九)《拘楼瘦无诤经》(大正一·七〇三下)。《中部》(一三九)《无诤分别经》但说"善男子须菩提行无诤道"(南传一一下·三三二)。
② 《阿毗达磨大毗婆沙论》卷八二(大正二七·四二三上)。

法中,这是重要的一组。其中,"慈为一切功德之母",慈心是印度文化中最重视的。佛经中可以充分证明这一意义的,如《杂阿含经》卷一〇(大正二·六七下)说:

"我自忆宿命,……曾于七年中修习慈心,经七劫成坏,不还此世(欲界)。七劫坏时,生光音天。七劫成时,还生梵世空宫殿中,作大梵王,无胜无上,领千世界。"

这一则佛的本生传说,《中阿含经》、《增支部》、《增一阿含经》都同样地说到①。还有,佛本生善眼大师,教弟子们修习慈心,生于梵世界。善眼更修增上慈,所以命终以后,生在晃昱天(即光音天)。劫成时,生梵世作大梵王,这是《中阿含经》与《增支部》所一再说到的②。梵天中的大梵天王,是千世界的统摄者,也就是婆罗门教的最高神、创造神——梵。世俗所仰信的创造神,依佛说,是修慈心定的果报。修慈心能生于梵天,功德很大,胜过了布施与持戒的功德,如《中阿含经》(一五五)《须达多经》(大正一·六七七下)说:

"梵志随蓝行如是大施;……归命三尊——佛、法、比丘众,及受戒。若有为彼一切众生行于慈心,乃至挤牛(乳)顷,……此于彼施(戒)为最胜也。"

---

① 《中阿含经》(六一)《牛粪喻经》(大正一·四九六中),又(一三八)《福经》(大正一·六四五下)。《增支部》"七集"(南传二〇·三四〇)。《增一阿含经》(一〇)《护心品》(大正二·五六五中——下)。

② 《中阿含经》(八)《七日经》(大正一·四二九中——下),又(一三〇)《教昙弥经》(大正一·六一九下)。《增支部》"六集"(南传二〇·一二三),又"七集"(南传二〇·三五八)。

随蓝婆罗门本生，也见于《增支部》①。关于慈心的殊胜功德，除胜于布施、持戒外，还有不为诸恶鬼神所欺害的功德，如《杂阿含经》与《相应部》说②。《增支部》说到慈心的八功德③、十一功德④。《智度论》说"慈以乐与众生故，增一阿含中说有五功德"⑤，与《大毗婆沙论》所说相近⑥，应该是说一切有部所诵的。慈心的定义，是"与众生乐"，与儒家的"仁"、耶教的"爱"相近。在人类的德性中，这确是最高的。如能"仁心普洽"，"民胞物与"，"浩然之气充塞于天地之间"，那与慈无量心更类似了。

慈是与乐，观想众生得到安乐；悲是拔苦，想众生远离苦恼；喜是想众生离苦得乐而心生喜悦；舍是冤亲平等，"一视同仁"。分别地说，这四心的观行是各不相同的；如综合起来说，这才是慈心的全貌。本来只是慈心，约义而分为四类，如《杂阿含经》卷二九（大正二·二〇九下——二一〇上）说：

> "有比丘，修不净观断贪欲，修慈心断嗔恚，修无常想断我慢，修安那般那念（入出息念）断觉想（寻思）。"

修习四类观想，对治四类烦恼，也是《中阿含经》与《增支

---

① 《增支部》"九集"（南传二二上·六五）。
② 《杂阿含经》卷四七（大正二·三四四中——三四五上）。《相应部》（二〇）"譬喻相应"（南传一三·三九〇——三九三）。
③ 《增支部》"八集"（南传二一·二——三）。
④ 《增支部》"一一集"（南传二二下·三二二——三二三）。《增一阿含经》（四九）《放牛品》（大正二·八〇六上）。
⑤ 《大智度论》卷二〇（大正二五·二一一中）。
⑥ 《阿毗达磨大毗婆沙论》卷八三（大正二七·四二七上）。

部》所说的①。本来只说到修慈，但《中部·教诫罗睺罗大经》，同样地修法，却说修慈、悲、喜、舍、不净、无常、入出息念——七行②，这是将慈行分为慈、悲、喜、舍——四行了。佛法重视慈心在世间德行中崇高价值，所以约义而分别为四心；如观想成就，就是四无量定③。

以慈心为本的四无量心，是适应婆罗门教的。如舍利弗劝老友梵志陀然修四无量心，命终生梵天中，就因为"彼诸梵志，长夜爱著梵天"④。传说大善见王本生，也是修四梵住而生梵天中的⑤。所以，依一般经文所说，四无量心是世间定法，是有漏，是俗定。然在佛法初期，慈、悲、喜、舍四定，显然的曾净化而提升为解脱道、甘露门；从四无量心也称为无量心解脱，最上的就是不动心解脱来说，就可以确定初期的意义了。如《杂阿含经》卷二七（大正二·一九七下）说：

　　"若比丘修习慈心，多修习已，得大果大福利。……是比丘心与慈俱，修念觉分，依远离，依无欲，依灭，向于舍；乃至修习舍觉分，依远离，依无欲，依灭，向于舍。"

　　① 《中阿含经》（五六）《弥醯经》（大正一·四九二上），又（五七）《即为比丘说经》（大正一·四九二中）。《增支部》"九集"（南传二二上·四、一一——一二）。
　　② 《中部》（六二）《教诫罗睺罗大经》（南传一〇·二一九——二二〇）。
　　③ 《成实论》卷一二说："慈心差别为悲、喜，……能令此三平等，故名为舍。"（大正三二·三三六中——下）
　　④ 《中阿含经》（二七）《梵志陀然经》（大正一·四五八中）。《中部》（九七）《陀然经》（南传一一上·二五六）。
　　⑤ 《中阿含经》（六八）《大善见王经》（大正一·五一八上——下）。《长部》（一七）《大善见王经》（南传七·一八四——一九七）。《长阿含经》（二）《游行经》（大正一·二三下——二四上）。

经说慈心,是译者的简略,实际是慈、悲、喜、舍——四心①。所说的"大果大福利",或是二果二福利,是阿那含与阿罗汉;或是四果四福利,从须陀洹到阿罗汉;或是七果七福利,是二种阿罗汉与五种阿那含。慈、悲、喜、舍与七觉分俱时而修,能得大果大功德,当然是通于无漏的解脱道。无量心解脱,包含了适应世俗、佛法不共二类。一般声闻学者都以为:四无量心缘广大无量的众生,无量是众多难以数计,是胜解——假想观,所以是世间定。但"量"是依局限性而来的,如观一切众生而超越限量心,不起自他的分别,就与无我我所的空慧相应。质多罗长者以为:无量心解脱中最上的,是空于贪、嗔、痴的不动心解脱,空就是无量。这一意义,在大乘所说的"无缘慈"中,才再度地表达出来。

五 无 所 有

再说无所有。与无所有有关的,有二经。一、《中部·善星经》说:众生的心,或倾向于世间的五欲,或倾向于不动而离欲结,或倾向于无所有处而离不动结,或倾向于非想非非想处而离无所有处结,或倾向于涅槃而离非想非非想处结②。这五类,是世间人心所倾仰的,也是修行者的次第升进,以涅槃为最高理想。倾心于前四类,是不能出离的,所以《善星经》的倾心于无

---

① 《相应部》(四六)"觉支相应"(南传一六上·三三九——三四○)。《阿毗达磨大毗婆沙论》卷八三(大正二七·四二七下)。

② 《中部》(一○五)《善星经》(南传一一上·三三一——三三三)。

所有处，只是世间无所有处定境，没有与空相同的意义。

　　二、《中部》的《不动利益经》，《中阿含经》作《净不动道经》。经中分净不动道、净无所有处道、净无想道(《中部》作"非想非非想处利益行道")、无余涅槃、圣解脱①。前三种净道，名称与次第都是与《善星经》一致的。前三种净道，共分为七类，今依《中阿含经》(参考《中部》)，列表如下：

```
                  ┌─ 现世欲·来世欲·现世欲想·来世欲想——
                  │    是魔境魔饵，心净得不动
净不动道 ──────────┤  现世欲……来世欲想·四大四大所成色——
                  │    是无常苦灭，心净得不动
                  └─ 现世欲……来世欲想·现世色·来世想，现世
                       色想·来世色想——是无常苦灭·心净得不动

                  ┌─ 现世欲……来世色想·不动想——
净无所有          │    是无常苦灭·心净得无所有处②
处道 ─────────────┤  此世——是我我所空，心净得无所有处
                  └─ 我 ——是非为自非为他·心净得无所有处

净无想道────── 现世欲……不动想·无所有处想——
               是无常苦灭·心净得无想
```

　　《净不动道经》所说的前三净道，是有层次的(层次与《善星经》相同)，有次第观想、次第超越息灭的层次，所以被称为"渐次度脱瀑流"③。然本经与《善星经》不同，净不动道以上，都是有解脱可能的。其中，欲是欲界的五欲；不动，一般地说，是四

　　① 《中部》(一〇六)《不动利益经》(南传一一上·三四〇——三四六)。《中阿含经》(七五)《净不动道经》(大正一·五四二中——五四三中)。

　　② 《中阿含经》(七五)《净不动道经》原译本作"于此得入不动"(大正一·五四二下)，今依上下文义及《中部》改。

　　③ 《中部》(一〇六)《不动利益经》(南传一一上·三四五)。

禅。在这里,有两点是值得注意的:不动——四禅以上,是无所有处、无想处——非想非非想处,为什么四禅以上,与无所有处、无想处中间,没有空无边处与识无边处呢? 这是一。《中部》的非想非非想处,《中阿含经》作"无想"、"无想处"①。无相心定,《中阿含经》每译作"无想定"。无想(无相心)定与非想非非想处定、无想定、灭尽定有着复杂的关系。本经的不动、无所有、无想——无相,三者次第而说,不正与说一切有部经论所说,从灭尽定起,起不动、无相、无所有——三触的名称相同吗②? 这是二。

说到净无所有处道,经中分为三类:

一、《中部》说:圣弟子作如此的思惟:现在欲,⋯⋯不动想,这一切无余灭尽,那是寂静的,殊妙的,就是无所有处。这样的专心安住,于是得心清(净)。《中部》说,无所有处是寂静、殊妙的;《中阿含经》作:"彼一切想是无常法,是苦,是灭。"这可能是一般所说观下苦、粗、(障),观上静、妙、(离),厌下欣上的修法。厌下而专住于无所有处想,成就无所有处定。然经上说:修习无所有处的,或得无所有处定,或依慧而得解脱。可见这不只是世俗定了。依《中阿含经》说,"彼一切想是无常法,是苦,是灭"坏法,那在离欲⋯⋯不动想时,无常、苦、灭的观慧,是有解脱可能的。

二、圣弟子作这样的思惟:我、属于我的,是空的。这样的专

---

① 《中阿含经》(七五)《净不动道经》(大正一·五四三上)。

② 《杂阿含经》卷二一(大正二·一五〇下)。《中阿含经》(二一一)《大拘絺罗经》(大正一·七九二上)。《阿毗达磨大毗婆沙论》卷一五三(大正二七·七八一中)。

心安住而得心净,也有得无所有处定,或依慧得解脱的二类。《中阿含经》说:"圣弟子作如是观:此世(间)空,空于神、神所有(我、我所有的旧译);空有常,空有恒,空长存,空不变易。"①这是说一切有部经论,从常、恒、不变易法空——无常,以明我我所空的意义。修无我我所的空观,得无所有处定,古人虽有多种解说,其实是空与无所有的同一意趣。

三、《中部》(一〇六)《不动利益经》(南传一一上·三四三)说:

> "圣弟子作如是思惟:我不在何处,非谁,亦不在何物之内。我所不在何处,不在谁中,亦不在何物。"

《中阿含经》作:"圣弟子作如是观:我非为他而有所为,亦非自为而有所为。"②意义不大明显。《大毗婆沙论》引此经作"非我有处有时有所属物,亦无处时物属我者"③,与《中部》说相近。依《婆沙论》说:无论何处、何时,没有我所属的物;也无论何处、何时,没有物是属于我的。从我与我所相关中,通达无所有,这也是空与无所有是相同的。依此而得心净的,也有得无所有定,或依慧得解脱的二类。

禅定——四禅、八定,一般说是共世间法,似乎是世间固有的定法,佛弟子依这种定法而修出世的观慧。然佛法的定慧的早期意义,未必是这样的。如所说的不动、无所有处、无想

---

① 《中阿含经》(七五)《净不动道经》(大正一·五四二下)。
② 《中阿含经》(七五)《净不动道经》(大正一·五四二下)。
③ 《阿毗达磨大毗婆沙论》卷八四(大正二七·四三三中)。

处——非想非非想处,经上都这么说:多闻圣弟子作如是思惟,
这是贤圣弟子所修的。由于修习者的用心不同,而有得定或依
慧得解脱的差别。依佛法的因果法则,修得某种定,如不能依之
发慧得解脱,那就命终以后,生在某种定境的天上。一般说,世
间定是厌下欣上而修得的,然如净无所有处道的三类,并不是这
样的。第二类,是观我我所空而修得的。第三类,是观无我所有
而修得的。这都是出世解脱——我我所空的正观。只是修习上
有些问题,才不能依慧得解脱,成为无所有处定,生无所有处天。
就是第一类,依《净不动道经》,也是观一切欲、欲想、色、色想、
不动想,"是无常法,是苦,是灭"。无常,苦,(无我我所,)正是
出世解脱道的三要门(三解脱门依此而立),所以第一类也有依
慧得解脱的。这样,无所有处道,都依出世观慧而成定,不过修
持上有点问题,这才成为世间定。

　　修出世观慧而成世间定,问题到底在哪里? 经文在无
想——净非想非非想道后,依无想处而有所说明,意义是通于不
动及无所有处道的。《中阿含经》(七五)《净不动道经》(大正
一·五四三上——中)说:

　　"阿难! 若比丘如是行:无我,无我所;我当(来)不有,
　我所当(来)不有,若本有者,便尽得舍。阿难! 若比丘乐
　彼舍、著彼舍、住彼舍者,阿难! 比丘行如是,必不得般涅
　槃。……若比丘有所受者,彼必不得般涅槃。"

　　"阿难! 若比丘如是行:无我,无我所;我当不有,我所
　当不有。若本有者,便尽得舍。阿难! 若比丘不乐彼舍、不
　著彼舍、不住彼舍者,阿难! 比丘行如是,必得般涅

槃。……若比丘无所受,必得般涅槃。"

以非想非非想处来说,当来的我与我所不再有,本有——现在有的尽舍,这表示究竟的般涅槃。但如对"舍"而有所乐、著、住(《中部》日译本作:喜、欢迎、执著),那就不能得般涅槃了。乐、著、住,总之是"有所受",受是取的旧译。所以,即使修行者所修的是正观,只要心有所乐著,就不得解脱了。如修无所有正观,心著而不得解脱,就会招感无所有处报。无所有处定与天报,是在这种情形下成立的。

无所有——无所有处道,修无常、苦、无我我所空,是空观的别名。无所有处定,是空观的禅定化。

六　无　相

无相,在解脱道中,有种种名称,如无相心解脱,无相心三昧,无相解脱,无相三昧,无相等至,无相住。这些术语的应用,在初期佛教里,比空与无所有还要多一些。当然,如以无我我所为空,那说空的经文,还是比无相要多些。无相定,依修行者的用心不同、浅深不一,与成为定论的非想非非想处、灭尽定、无想定都有关系,所以内容比较复杂。《阿毗达磨大毗婆沙论》卷一〇四(大正二七·五四一中)说:

"谓无相声,说多种义:或于空三摩地说无相声,如是或于见道,或于不动心解脱,或于非想非非想处,或即于无相三摩地说无相声。"

《婆沙论》以为:"无相"这一名称,有五种不同的意义,然从经文来说,也许还不止于所说的五义呢!

"无相心三昧","是智果智功德"。说明这一问题的,《杂阿含经》("弟子记说")中共有四经(依《大正藏》编号,为五五六——五五九,其实应分为六经),都是与阿难有关的。有一位比丘,修得了无相心三昧,却不知道是何果何功德。他于是"随逐尊者阿难,脱有余人问此义者,因而得闻。彼比丘即随尊者阿难,经六年中,无有余人问此义者",终于自己提出来请问①。六年中没有人问,可见无相心三昧,起初是很少有人论到的。《杂阿含经》中说到:无相心三昧,佛为众比丘尼说;比丘尼们又问阿难,阿难为比丘尼们说。这一说明,主要为了"大师及弟子,同句、同味、同义"②,只是为了以如来曾经说过,来肯定无相心三昧在佛法中的地位。巴利藏《增支部》"九集"三七经,也说到是智果智功德,实为《杂阿含经》五五七、五五九——二经的结合③。总之,无相心三昧,是经佛弟子的修得而传出,日渐光大起来的。

无相心三昧,依质多罗长者所说,是"一切相不念(作意)"而修成的三昧④。作意,或译思惟、念、忆念。不作意一切相的无相心三昧,是有浅深的。究竟的无相,如《杂阿含经》("祇夜")卷四五(大正二·三三一中)说:

---

① 《杂阿含经》卷二〇(大正二·一四六中)。
② 《杂阿含经》卷二〇(大正二·一四六上)。
③ 《增支部》"九集"(南传二二上·一二五——一二六)。
④ 《杂阿含经》卷二一(大正二·一四九下)。《相应部》(四一)"质多相应"(南传一五·四五一)。

"修习于无相,灭除憍慢使,得慢无间等,究竟于苦边。"

偈颂是阿难为婆耆舍说的,《相应部》同①。《瑜伽论》解说为:"由此断故,说名无学。"②智果智功德的无相心三昧,《毗婆沙论》以为是空三摩地的别名③。《瑜伽师地论》对无相心三摩地的解说,如卷一二(大正三〇·三三七中)说:

"云何无相心三摩地? 谓即于彼诸取蕴灭,思惟寂静,心住一缘。如经言:无相心三摩地不低不昂。……又二因缘入无相定:一、不思惟一切相故;二、正思惟无相界故。由不思惟一切相故,于彼诸相不厌不坏,唯不加行作意思惟,故名不低。于无相界正思惟故,于彼无相不坚执著,故名不昂。"

不低不昂的无相心三昧,正是经中所说,不踊不没的、智果智功德的三昧。《瑜伽论》所说,与《毗婆沙论》说,是空三摩地异名,所见不同。

依经文所说,无相心三昧,或在无量心解脱以下说,那是"出离一切相",心"不为随相识所缠缚"的④。或依四禅说无相心三昧,如不再进求,与众人往来杂处,戏笑调弄,那是会退落,可能还俗的⑤。所以,三昧通于有漏;智果智功德的无相心三

---

① 《相应部》(八)"婆耆沙长老相应"(南传一二·三二五)。
② 《瑜伽师地论》卷一七(大正三〇·三七二中——下)。
③ 《阿毗达磨大毗婆沙论》卷一〇四(大正二七·五四一中——下)。
④ 《增支部》"六集"(南传二〇·二〇——二一)。《阿毗达磨集异门足论》卷一五(大正二六·四三一上)。
⑤ 《增支部》"六集"(南传二〇·一五六——一五七)。《中阿含经》(八二)《支离弥梨经》(大正一·五五九上)。

昧,也就是无相心解脱,唯是无漏的(初果到四果)。

定,有有想与无想的二类,如《杂阿含经》卷二一(大正二·一四六下)说:

> "尊者阿难语迦摩比丘言:若比丘,离欲恶不善法,有觉有观,离生喜乐,初禅具足住;如是……无所有入处具足住:如是有想比丘有法而不觉知。……比丘一切想不忆念,无想心三昧身作证具足住,是名比丘无想于有法而不觉知。"

无所有处以下,是初禅到无所有处定,是有想而不觉知;无想心定是无想而不觉知。《增支部》与此相当的,也说无所有处以下,是有想而不觉知;接着说不踊不没(即"不低不昂")的三昧①。这可见无所有处以上,就是无想的无相心三昧。《增支部》的《静虑经》,先总标说"依止初静虑得诸漏尽,依止非想非非想处得诸漏尽",然后分别地广说。但在分别广说中,从初静虑说到无所有处定,"如是有想等至"。这是说,无所有处定以下,是有想定,与《杂阿含经》所说相同。以下经文,没有说依止非想非非想处得漏尽,只说非想非非想处与想受灭等至善巧②。非想非非想处与想受灭定,不正是无想定而与无相心三昧相当吗?

无相心三昧而被解说为非想非非想处的,如《阿毗达磨大毗婆沙论》卷一〇五(大正二七·五四二上)说:

> "于非想非非想处说无相声者,如说:我多起加行,多

---

① 《增支部》"九集"(南传二二上·一二七)。
② 《增支部》"九集"(南传二二上·一一二——一二四)。

用功力,得无相心定,不应于中欣乐染著。此说不起有顶味
定,唯起净定。问:何故非想非非想处名无相耶? 答:彼无
明了想相,亦无无想相,但有昧钝不明了想微细现行,如疑
而转,故名无相。"

　　经说无相定,而被解说为非想非非想处定的,是《中阿含
经》的《净不动道经》。经上说:欲想,色想,不动想,无所有处
想,"彼一切想是无常法,是苦,是灭,彼于尔时而得无想。彼如
是行,如是学,如是修习而广布,便于此得心净。……或于此得
入无想,或以慧为解"。得此无想定的,如有所受(取)——乐、
著、住,那就受(非)有想无想处的果报①。无相心定而有所乐
著,所以是无想而又有不明了的细想现行,因而名为非想非非想
处定。如心无取著,那就是无相心解脱了。

　　想受灭定,或名灭(尽)定,或名增上想灭智定。与无相心
三昧相当的,如《相应部》"目犍连相应":从初禅说到四禅,从空
无边处到非想非非想处;在八定以上,说无相心定②。而"舍利
弗相应",也从初禅说到非想非非想处定,然后说想受灭定③。
可见无相心三昧与想受灭定的地位相当。还有,佛入涅槃那一
年,在毗舍离(Vesāli)患病,是入无相三昧而康复的,如《长阿含
经》(二)《游行经》(大正一·一五中)说:

　　　"吾已老矣,年且八十。……自力精进,忍此(病)苦

------

　　① 《中阿含经》(七五)《净不动道经》(大正一·五四三上)。《中部》(一〇
六)《不动利益经》,"无想"作"非想非非想处"。
　　② 《相应部》(四〇)"目犍连相应"(南传一五·四〇五——四一四)。
　　③ 《相应部》(二八)"舍利弗相应"(南传一四·三八〇——三八五)。

痛,不念一切想,入无想定时,我身安隐,无有恼患。"

《杂事》也这样说:"以无相三昧,观察其身痛恼令息。"《长部·大般涅槃经》却说:"阿难!如来一切相不忆念,入一切受灭相心三昧住时,如来身体康复。"①《长部》说一切相不忆念,又说"入一切受灭相心三昧",显然是无相心三昧而又有想受灭的意义。想受灭定是从无相心定中分化出来的,当然久已为佛教界所公认,然于非想非非想处以上,立灭尽定的,如《中部》(二五)《撒饵经》、(二六)《圣求经》、(三〇)《心材喻小经》、(三一)《牛角喻小经》、(六六)《鹑喻经》、(一一三)《善士经》,而在《中阿含经》中,仅与《撒饵经》相当的(一七八)《猎师经》,在非想非非想处以上,立"想知灭",其余都没有,可见部派间所诵的经教,想受灭定还在不确定状态中。灭尽定与无想——无相心定,《中阿含经》辨别二定的入定与出定的差别②,而《中部》却没有。想受灭定,在佛教界是多有诤论的。如乌陀夷反对舍利弗所说的:"若于现法不得究竟智,身坏命终,过抟食天,生余意生天中,于彼出入想知灭定,必有此处。"③在部派中,或说想受灭定是有为的,或说是无为的,或说是非有为非无为的;或说想受灭者是无想有情,或说非无想有情;或说世间想受灭是无想有情,出世想受灭是圣者。大乘经以为:菩萨如悲愿不足而入灭定,是会证小果的;

————————

① 《根本说一切有部毗奈耶杂事》卷三六(大正二四·三八七中)。《长部》(一六)《大般涅槃经》(南传七·六八)。

② 《中阿含经》(二一〇)《法乐比丘尼经》(大正一·七八九上),又(二一一)《大拘絺罗经》(大正一·七九一下——七九二上)。

③ 《中阿含经》(二二)《成就戒经》(大正一·四四九下)。《增支部》"五集"(南传一九·二六八——二六九)。

如悲愿具足,那就是证入如如法性的深定了。这样的异说纷纭足以说明,与无相心定有关的灭尽定,在佛教界是非常暗昧的。

依无相心三昧,演化出非想非非想处定(及报处),灭尽定以外,还有无想有情、无想定。无相心三昧不作意一切相,也就是不起一切想。《长部·大缘经》立七识住与二处,二处是无想有情处与非想非非想处①。无想定与灭尽定相似,所以从起定时的差异,而加以分别②。七识住与二处,综合起来,名为九有情居③。依《长部·波梨经》说:传说中的世界起源说,其中"无因论"者,是从无想有情死没而来生的,所以说无因而有④。无想定与无想有情,可能外道有类似无想的修验与传说,佛法为了要给以应有的解说,才从无相定、灭尽定中分出,位居四禅广果天上。这成立要迟一些。

《杂阿含经》(修多罗)卷一〇(大正二·七二上——中)说:

> "比丘!贪想、恚想、害想,贪觉、恚觉、害觉,及无量种种不善,云何究竟灭尽?于四念处系心,住无相三昧,修习多修习,恶不善法从是而灭,无余永尽。"

---

① 《长部》(一五)《大缘经》(南传七·二二——二四)。《长阿含经》(一三)《大缘方便经》(大正一·六二中)。《中阿含经》(九七)《大因经》(大正一·五八二上)。

② 《中阿含经》(二一〇)《法乐比丘尼经》(大正一·七八九上),又(二一一)《大拘絺罗经》(大正一·七九二上)。

③ 《长部》(三三)《等诵经》(南传八·三四三——三四四)。《长阿含经》(九)《众集经》(大正一·五二中——下)。《增支部》"九集"(南传二二上·七七——七八)。《增一阿含经·九众生居品》(大正二·七六四下——七六五上)。

④ 《长部》(二四)《波梨经》(南传八·四三)。《长阿含经》(一五)《阿㝹夷经》(大正一·六九下)。

"多闻圣弟子作是思惟:世间颇有一法可取而无罪过者？思惟已,都不见一法可取而无罪过者。……作是知已,于诸世间则无所取。无所取者,自觉涅槃。"

《相应部》"蕴相应"所说的,大致相同①。经说:依三种想而有三种不善觉(觉,新译寻思),引起种种的不善法,多修习无相三昧,能永灭无余。无相三昧是依四念处而修的。四念处是:观身不净、观受是苦、观心无常、观法无我,是解脱的一乘道。依此而修无相三昧,不取一切相,不取法有,也不取法无,真能修到无所取著,就能自证涅槃了。经中常说:依四念处,修七觉支而得解脱。每一觉支的修习,都是"依远离,依离欲,依灭,向于舍(舍即不著一切)"的。不取著一切相的无相三昧,可说就是"依灭,向于舍"的修习。

不取著一切法的三昧,与佛化诜陀迦旃延的未调马——强梁禅,应有一定程度的关系,如《杂阿含经》("如来记说")卷三三(大正二·二三六上——中)说:

"如是诜陀！比丘如是(不念五盖,住于出离如实知)禅者,不依地修禅,不依水、火、风、空、识、无所有、非想非非想而修禅;不依此世,不依他世,非日(非)月,非见、闻、觉、识,非得、非求,非随觉、非随观而修禅。诜陀！比丘如是修禅者,诸天主、伊湿波罗、波阇波提,恭敬合掌,稽首作礼而说偈言:南无大士夫,南无士之上！以我不能知,依何而禅定？"

---

① 《相应部》(二二)"蕴相应"(南传一四·一五〇)。

"佛告跋迦利：比丘于地想能伏地想，于水、火、风，……若觉、若观，悉伏彼想。跋迦利！比丘如是禅者，不依地、水、火、风，乃至不依觉、观而修禅。"

于地等能伏地等想，不依地等一切而修的是无相禅。《别译杂阿含经》引申为："皆悉虚伪，无有实法，但以假号因缘和合有种种名，观斯空寂，不见有法及以非法。"①"不见有法及以非法"，与佛《教迦旃延经》的不起有见、无见相合；也与离有见、无见，不见一法可取而无罪过说相合②。无所依而修禅，见于《增支部》"十一集"③，已衍化为类似的十经。各部派所诵的经文，有不少出入，大抵合于自宗的教义④。然从《杂阿含经》与《增支部》相同的来说，这是不依一切想而修的无相禅。

《阿毗达磨大毗婆沙论》卷四〇（大正二七·二〇九中）说：

"大目乾连！底沙梵天不说第六无相住者耶？……若有苾刍，于一切相不复思惟，证无相心三摩地具足住，是名第六无相住者。"

《论》中广引经文（应是有部的《增一阿含经》）：底沙梵天对大目乾连说：部分的梵众天，能够知道谁是俱解脱，……谁是信胜解。目乾连告诉了如来，如来以为："一切圣者，总有七

---

①　《别译杂阿含经》卷八（大正二·四三一上）。
②　《杂阿含经》卷一二（大正二·八五下），又卷一〇（大正二·七二中）。
③　《增支部》"十一集"（南传二二下·二九一）。
④　拙作《初期大乘佛教之起源与开展》（二七八——二八四，本版二三九——二四五）。

人。"底沙梵天从俱解脱说到了信胜解，只说了五人，没有说第
六无相住者。无相住者是证得无相心三摩地具足住的，这是梵
天所不能知道的，这与诸天主不知强梁禅是依何而禅定一样。
佛所说的第六无相住者，《大毗婆沙论》解说为"一切圣者，总有
七人"，底沙已说了五人，所以无相住者，就是随法行与随信行
人。随法行与随信行，是见道位。见道位有十五心，是速疾道，
是微细道，不可安立施设，所以随法行与随信行，综合名为无相
住者①。《毗婆沙论》所引经文，见于《增支部》，但略有不同。
底沙梵天说了六人——俱解脱、……随法行，没有说第七无相住
补特伽罗②，那么第七无相住人，是专指随信行人了。为什么随
信行人，特别名为无相住人呢？

关于经说的第六无相住人，《大毗婆沙论》说到："有于彼经
不了其义，便执缘灭谛入正性离生，见道名为无相住故，唯灭谛
中无诸相故。"③这是法藏部的见解，如《阿毗达磨大毗婆沙论》
卷一八五（大正二七·九二七下）说：

> "有说：唯无相三摩地，能入正性离生，如达摩鞠多部
> 说。彼说以无相三摩地，于涅槃起寂静作意，入正性
> 离生。"

入正性离生，就是见道。依经典明文，随信行人等所以被名
为无相住者，是由于"于一切相不复思惟，于无相心三摩地具足

---

① 《阿毗达磨大毗婆沙论》卷四〇（大正二七·二〇九下），又卷一〇五（大正
二七·五四一下）。
② 《增支部》"七集"（南传二〇·三二六——三二八）。
③ 《阿毗达磨大毗婆沙论》卷四〇（大正二七·二〇九中）。

住",而不是《大毗婆沙论》所说那样的。见四谛得道,见灭谛得道,是部派佛教的二大系。依第六名无相住者来说,在圣道的修行中,知苦、断集而证灭谛,名为圣者,也许见灭得道说更合于经义呢!

无相心三昧,是有浅深的:浅的还可能会退堕;深的是见灭得道,成为圣者;最究竟的,当然是一切烦恼空,阿罗汉的不动心解脱了。

七　空与空性

《中阿含经》的《小空经》、《大空经》,与《中部》的《空小经》、《空大经》相当,是以空为主题而集出的经典。这两部"空经",都渊源于《杂阿含经》中的空住①,经不同的传弘而分别集出来的。都是依空观的进修而达究竟解脱的。在修行的方便上,两部经是不同的,但都深深影响了发展中的佛教。

先说《小空经》②。以佛曾经为阿难说"我多行空"(住)为缘起;以三世如来都"行此真实空,不颠倒,谓漏尽、无漏、无为心解脱"作结③。这是一切佛所多住的,所以成佛之道的大乘法,特别举扬空性的修证,是可以从此而得到线索的。依《小空经》说:空,不是什么都没有,而是空其所空,有其所有的。如说

---

① 《杂阿含经》卷九(大正二·五七中)。
② 《中阿含经》(一九〇)《小空经》(大正一·七三七上——下)。《中部》(一二一)《空小经》(南传一一下·一一九——一二七)。
③ "漏尽、无漏、无为心解脱",《阿毗达磨大毗婆沙论》卷一〇五,引经作:"能速尽诸漏,证得无漏,无加行解脱。"(大正二七·五四三上)

"鹿子母堂空"，这是说鹿子母堂中，空无牛、羊、人、物，而鹿子母堂是有——不空的。依于这一解说，后来瑜伽大乘说："谓由于此，彼无所有，即由彼故，正观为空。复由于此，余实是有，即由余故，如实知有。如是名为悟入空性，如实无倒。"所以，"若观诸法所有自性毕竟皆空，是名于空颠倒趣入"①，成为大乘有宗的根本义。《小空经》所说的空(性)，是依名释义的；提出不空，作空与不空的对立说明，实是一项新的解说。

《小空经》所说的空住，是适应于住阿兰若者而展开的修法，所以从阿兰若——无事处说起。修行者专心忆念(即"作意")无事想，不起村落想、人想，因村落想及人想而引起的疲劳，是没有了②。这样，村落想空，人想空，而无事想不空，"是谓行真实空(性)不颠倒"。进一步，不忆念人想与无事想，专一忆念地想，观地平如掌。人想空，无事想空(因人想、无事想而引起的疲劳没有了)，而地想不空，"是谓行真实空(性)不颠倒"。这样的次第进修，专念空无边处想而地等想空。专念识无边处想而空无边处等想空。专念无所有处想，不念识无边处等想，识无边处等想空，而无所有处想不空，"是谓行真实空(性)不颠倒"。以上依世间道修空，这样的"行真实空性"，是有漏的，有浅深层次的。以下，依圣道修空，《小空经》(大正一·七三七下)这样说：

---

① 《瑜伽师地论》卷三六(大正三〇·四八八下——四八九上)，又卷九〇(大正三〇·八一二下)。

② "疲劳"，《中部》(一二一)《空小经》作"患恼"。《瑜伽师地论》卷九〇解说为："粗重，不寂静住，及炽然等。"(大正三〇·八一二下)

"若欲多行空者,彼比丘莫念无量识处想,莫念无所有处想,当数念一无想心定。彼如是知:空无量识处想,空无所有处想,然有不空,唯一无想心定。"

"彼作是念:我本无想心定,本所行,本所思,若本所行、本所思者,我不乐彼,不求彼,不应住彼。如是知,如是见,欲漏心解脱,有漏(心解脱),无明漏心解脱。……彼如是知:空欲漏,空有漏,空无明漏,然有不空,唯此我身六处命存。……若彼中无者,以此故彼见是空;若彼有余者,彼见真实有。阿难! 是谓行真实空(性)不颠倒也,谓漏尽,无漏,无为心解脱。"

无想心定,依《空小经》,知道是无相心三昧的异译。经说"然有不空,唯一无想心定",与上文"然有不空,唯一无所有处想"等不同,不再说不空的"想",因为无所有处等是有想定,无相心定是无想定。但无想心定,还是有为法,还是"有疲劳"——恼患的,所以如乐著无想心定,就是非想非非想处。如观无想心定,是本行所作的有为法,不乐、不求、不住,那就以慧得解脱——空欲漏,空有漏,空无明漏,得究竟解脱,也就是无相心解脱中最上的不动心解脱。无想心定有疲劳及不乐住二类,没有别立非想非非想处,与《净不动道经》是相同的。《瑜伽论》分为世间道修与圣道修二类说:"以世间道修习空性,当知为趣乃至上极无所有处,渐次离欲。自斯已后,修圣道行,渐次除去无常行等,能趣非想非非想处,毕竟离欲。"[1]非想非非想处毕

---

① 《瑜伽师地论》卷九○(大正三○·八一二下——八一三上)。

竟离欲，与《小空经》的无想心定相合。《空小经》在无所有处以上，别立非想非非想处。然后说无相心三昧，空于非想非非想处；再依无相心三昧，观有为是无常灭法，得漏尽。这对于依无相心三昧，而分立非想非非想处的古义，已隐覆而不再见了。

《小空经》的悟入空性，是次第悟入的，通于有漏定的。空的是什么？是想，是依想而引起的疲劳，所以无想心三昧为最上。无想心三昧，空于一切烦恼，毕竟离欲，而我们的身心——六（内）处，在命终以前是不空的，但不再为烦恼所动乱，心解脱自在，并知道："我生已尽，梵行已立，所作已办，不受后有。"空住与无相心三昧，初修的方便虽有些差别，而究竟终归是一致的。所以《大毗婆沙论》说：智果智功德的无相心三摩地，是空三摩地的异名①。

再说《大空经》②。《大空经》与《小空经》，都是如来与弟子共同修证的法门。《小空经》是由下而上的，竖的层层超越，顺着禅定的次第，最后以无相心三昧，不取著而漏尽解脱。《大空经》却是由外而内，横举四类空作意——四种空观，修习成就而得究竟。四类空作意是：外空作意，内空作意，俱空（《中阿含经》作内外空）作意，不动作意。四类作意的修习，《大空经》与《空大经》说明上略有差别。依《大空经》说：修学者先要"持内心住止令一定"，也就是修得初禅（二禅、三禅、四禅），得四增上

① 《阿毗达磨大毗婆沙论》卷一○四（大正二七·五四一中）。
② 《中阿含经》（一九一）《大空经》（大正一·七三八上——七四〇下）。《中部》（一二二）《空大经》（南传一一下·一二七——一三九）

心,然后依定起观。念(即"作意")内空,如"其心移动不趣向近,不得清澄,不住、不解于内空"①,那就念外空。如外空又不住、不解,那就念内外空。又不住、不解,那就念不(移)动。总之,要修习多修习,达到心不移动趣向于近,得清净,住、解于内空……不(移)动。《瑜伽论》也这样说。《空大经》别别地说明四类作意,没有展转次第的意义。四类作意的定义,经文没有确切的说明,《瑜伽论》解说为②:

$$
\text{所证空}
\begin{cases}
\text{外\quad 空——超过一切五种色想（离欲贪）}\\
\text{内\quad 空——于内诸行断增上慢（离我慢）}
\end{cases}
$$

$$
\text{所修空}
\begin{cases}
\text{内外空——修无我见}\\
\text{不\quad 动——修无常见}
\end{cases}
$$

依经文的四类作意,而分别为所证空与所修空,先证而后修,不过是论师的一项解说吧! 然从《瑜伽论》的解说,也可发现经义的线索,如《中阿含经·大空经》(大正一·七三九中)说:

"有五欲功德,可乐,(可)意,所(可字的讹写)念,(可)爱,色欲相应③。眼知色,耳知声,鼻知香,舌知味,身知触。若比丘心至到(?),观此五欲功德,……观无常……,如是比丘观时则知者,此五欲功德,有欲有染,彼已断也,是谓正知。"

———————————

① 《中部》(一二二)《空大经》作:"心不勇跃,不欣喜,不定住,不解脱。"(南传一一下·一三〇)

② 《瑜伽师地论》卷九〇(大正三〇·八一三上——中)。

③ 参照《杂阿含经》卷一三,作"眼见可爱,可乐,可念,可意,长养欲之色"(大正二·八九中)。

"有五盛（盛是取的古译）阴：色盛阴，觉（受的古译）、想、行、识盛阴。谓比丘如是观兴衰，……若有比丘如是观时，则知五阴中我慢已灭，是谓正知。"

依经文所说，观五欲功德，是外离欲贪；观五取阴，是内离我慢。五取阴和合，是个人自体；观五阴生灭无常，（无常故苦，无常苦故无我，）所以可说是证内空而离我（见、我爱、我）慢。五欲功德，是眼、耳、鼻、舌、身——五根，于色、声、香、味、触境，起可乐、可意、可念、可爱，与欲贪相应；观五欲无常，可说是证外空而离欲贪。这四类作意的次第，《瑜伽论》先外空而后内空；《空大经》与《大空经》却是先内空而后外空。不过，《大空经》标举如来所住时说："我此异（异是殊胜的意思）住处，正觉尽觉，谓度一切色想，行于外空。"先举度一切色想的外空，与《瑜伽论》的先说外空相合。但《空大经》作："如来住胜等觉，即不作意一切诸相，内空成就住。"《空大经》广说内空作意与不动作意，外空与俱空作意只简略地提到名目。所以这一修空的教授，起初可能只有二类：一、（空于五欲的）五欲空；二、（空我我所的）五蕴空。由于五欲是内根、外境相关涉而引起的，所以观五欲，可以分别地观外境的无常、内根的无常、内外缘生欲贪的无常。在传授中，分为内空、外空、内外空。空于五欲的分别观察，其实是内外关联着的，先观外空或先观内空，都是可以的。空于五欲的空观，分为外空、内空、内外空，于是对外空五欲而本有内空意义的，观五取阴而空于我慢的，名之为不动了。

《大空经》的空（住）行，本于《杂阿含经》所说，被称叹为上座禅住的空住。入上座禅住的，在入城乞食时、道路上，见色等如有爱念染著的,应该为断而修精勤;如了知没有爱染,就这样的喜乐善法,精勤修习。名为"清净乞食",也略说行、住、坐、卧①。与此相当的《中部·乞食清净经》,所说要广得多。内容为:入城乞食往来,六根于色、……法,应离欲贪等烦恼(与《杂阿含经》大同)。然后说五妙欲断,五盖断,五取蕴遍知,修四念住……八支道、止观,证明解脱②。空住,当然是禅观,但要应用于日常生活中。《中部》的《乞食清净经》,与《空大经》是非常接近的。

《大空经》近于《乞食清净经》,然以四类作意为核心,重于日常生活的应用,内容更广。一、比丘如喜乐多众聚会,是不能得"出离乐,远离乐,寂静乐,等觉乐"的,也不能得阿罗汉的究竟解脱。这是策勉比丘们,"常乐独住远离处",住于适合修行空住的地方。二、佛举自身的证得,"我不见有一色令我(生)欲乐",所以一切色法的变异,不会引起忧苦懊恼。佛自住胜等觉,即度一切色想(《空大经》作"一切诸相"),空住成就。成就了空住,所以比丘们来会,心住远离寂静喜乐;为大众说法,也是绝对没有烦恼的。这是佛以自证作证明,表示空住者心境的喜乐自在。三、正说空住,依四禅而修内空作意、外空作意、内外空作意、不动作意,修习成就。四、住于空住的,行、(住、)坐、(卧)——四威仪中,正知而不会引起贪忧恶不善法。如为众说法,不说非圣无义的种种世俗论,而说戒、定、慧等正论。寻思时,正知而不起三不善寻,起三善寻,都不起贪忧恶不善法。外

① 《杂阿含经》卷九(大正二·五七中)。
② 《中部》(一五一)《乞食清净经》(南传一一下·四二六——四三二)。

对五欲境时,观无常而不起欲染;内观五取蕴时,观无常而断我慢。这是一向善的,无漏出世间的,不落恶魔之手的(究竟解脱)。五、师、弟子、梵行的烦苦。简单说:如住在阿兰若处,得四增上心,因人众往来,引起恶不善法而退转的,就是烦苦。这表示了禅定是可退的,修出离行,应以修空住成就为要务。六、"尊师为弟子说法,怜念愍伤,求义及饶益",出于利他的慈悲心。弟子们应该"受持正法,不违师教"。

　　进一步来论究空与空性。在旧译中,都是一律译为空的。自玄奘译出瑜伽系的论典,才严格地分别空与空性,以为空是遮遣妄执的,空性是空所显性,是离妄执而显的法性,所以是如实有的。初期佛典中,空与空性有什么分别呢?如"空诸欲","空世间","贪空、嗔空、痴空","空欲漏、空有漏、空无明漏","我我所空","无常、苦、空、无我",在巴利文中,都是空——suñña。如"空心解脱","空解脱","空三昧","空等至","空住","内空、外空、俱空"(以上三种空,在《无碍解道》中,也是空),《空小经》,《空大经》:凡是作为观名、定名或经名的,都是空性——suññatā。我以为,"空"不只是否定词,离妄执烦恼是空,也表示无累的清净、寂静。空性,是空的名词化。初期圣典中的空性,并无空所显性的意义,只有"出世空性",是甚深的涅槃。

　　《小空经》所说的"行真实空,不颠倒",《空小经》作"如实性,不颠倒,清净空类"①。空类,空是有浅深不同的(系列)。空在初期圣典中,是与离烦恼有关的。《小空经》所说,不起人想、

──────────

　　①　《中阿含经》(一九〇)《小空经》(大正一·七三七上——下)。《中部》(一二一)《空小经》(南传一一下·一二〇以下)。

村落想,而想阿兰若处;阿兰若处想成就,没有人想、村落的烦嚣,就名为空。进一步,不起人想、阿兰若想,而观想大地,想大地平坦,一望无涯,自有空旷无寄的境地,也就名为空。这种以一想而除其他的想,正如以一净念而除种种杂念一样。这样的以不空而去空的,是《小空经》的特色。《大乘入楞伽经》称这种空为彼彼空,评论为:"此彼彼空,(七种)空中最粗,汝应远离。"①以不空而说空,被评为最粗的,应该远离的。总之,大、小《空经》的集出,在四种心解脱中,不是无量、无所有、无相三者可及的。在佛法中,"空"是越来越受到重视了!

八　空为三三昧先导

《杂阿含经》中,质多罗长者对当时类集为一组的四种心三昧,也名心解脱,一一地论究它的同异,而归结于"贪空、嗔空、痴空"的究竟一致。其中四无量是遍缘十方世界众生的,被教界论定为粗浅的三昧,被忽视了。这样,解脱生死的要道主要就是三三昧——空、无相、无所有了。空、无相、无所有,虽有究竟的共同意义,而在修习的方法上,到底是有所不同的。如上文的分别论究,可见这三者在佛教界分别传授修习的情形。众生生死流转的原因,一切众生是相同的,解脱生死的法门,当然也是一致的。那么传授修习中的三种三昧——空、无相、无所有,到底是怎样的关系呢?

---

① 《大乘入楞伽经》卷二(大正一六·五九九上)。

说一切有部的《杂阿含经》(西元五世纪译),有经名为"圣法印知见清净"的,正是对上一问题提出了说明①。异译本,有西晋元康四年(西元二九四)竺法护在酒泉译出的《佛说圣法印经》②,是最早的译本,文字晦涩些,内容与《杂阿含经》相同。赵宋施护所译的《佛说法印经》③,译出的时代极迟,内容有了很大的出入。依《杂阿含经》所说,全经可分为三段,内容为:

> "若于空未得者,而言我得无相、无所有,离慢知见者,无有是处。……若得空已,能起无相、无所有,离慢知见者,斯有是处。"

> "善观色无常磨灭离欲之法,如是观察受、想、行、识无常磨灭离欲之法,……心乐清净解脱,是名为空。如是观者,亦不能离慢知见清净。复有正思惟三昧,观色相断,声、香、味、触、法相断,是名无相。如是观者,犹未离慢知见清净。复有正思惟三昧,观察贪相断,嗔恚、痴相断,是名无所有。如是观者,犹未离慢知见清净。"

> "复有正思惟三昧,观察,……我我所,从若见、若闻、若嗅、若尝、若触、若识而生。复作是观察:……若因、若缘而生识者,彼因彼缘皆悉无常。复次,彼因彼缘皆悉无常,彼所生识云何有常! 无常者是有为、行,从缘起,是患法、灭法、离欲法、断知法,是名圣法印知见清净。"

---

① 《杂阿含经》卷三(大正二·二〇上——中)。
② 《佛说圣法印经》(大正二·五〇〇上——中)。
③ 《佛说法印经》(大正二·五〇〇中——下)。

一、能修得空三昧的,才能进而得无相、无所有三昧。如没有修得空三昧的,那无相、无所有是不能修得的。这样,在空、无相、无所有——三种三昧中,空三昧具有基础的先导的地位。这不是说空是更高深的,而是说:如没有空无我我所的正见,不可能有无相、无所有的正三昧;即使有类似的修验,也是不能究竟解脱的。

二、不能离慢清净的三种三昧,是有漏的三昧。空三昧观五阴是无常磨灭法。《瑜伽论》解说为:"依观诸行无常性忍,由世间智,于无我性发生胜解"①,心向于清净解脱。无相三昧观色、声等六境相断。"断"是什么意义?《大毗婆沙论》引《法印经》说:若观色、声、香、味、触相而舍诸相,名无相定,彼观境界相而舍有情相。《瑜伽论》说:"于眼所识色,乃至意所识法,等随观察,我我所相不现行故,说名为断。"②依论师的意见,是舍断有情相的。然依无相三昧的通义,境相不外乎色等六境,六境相断,就是"于一切相不作意"的无相三昧。无所有三昧观贪、嗔、痴相断,观察而不起现行,说名为断。这样的三三昧,都还没有离慢,知见也没有清净。慢,论师解说为"增上慢"、"粗我慢",就是修行者自以为能修能证,觉得自己胜过别人的慢心。

三、离慢知见清净的三昧,依经所说,是从因缘生灭而反观

---

① 《瑜伽师地论》卷八七(大正三〇·七九二上)。
② 《阿毗达磨大毗婆沙论》卷一〇四(大正二七·五四一下)。《瑜伽师地论》卷八七(大正三〇·七九二上)。

自心的。前段所说：观五阴无常、无我，观色等相断，观贪等相断，都是观所观法的空、无相、无所有。然解脱道的三昧，以无我我所为本。我我所是怎样生起的？从见、闻、觉、知而生识，世俗的识，是有漏、有取的，有识就不离我我所。所以离慢而知见清净的三昧，要反观自己的心识从因缘生。从无常因缘所生的识，当然是无常的。观无常（的识）法，是有为（业烦恼所为的）、行（思愿所造作的）、缘所生（的）法。缘所生法是可灭的，终归于灭的，所以是离欲法、断知法。这样的观察，从根源上通达空无我性，才能离我慢而得清净知见——无漏智。这与《大空经》的先外空五欲，次观五取阴而内空我慢，有同样的意义。这是一切圣者修证的必由之道，成为佛法所以为佛法的特质，所以名为圣法印。

九　三三昧·三触·三法印

《杂阿含经》所说的空三昧、无所有三昧、无相三昧集为一聚而被称为"圣法印"。后来，依此而演化出意义相关的三组：（一）空三昧、无愿三昧、无相三昧——三三昧，也名三解脱门。（二）不动触、无相触、无所有触——三触。（三）诸行无常，诸法无我，涅槃寂静——三法印。

在空、无相、无所有——三三昧中，除去无所有，加入无愿，这样的三三昧组成一聚，是佛教界所一致的。然对比汉译与巴利藏所传，非常的不一致。如《中阿含经》的《大拘絺罗经》说：

"空、无愿、无相,此三法异义异文。"①这就是名称不同,意义也
不同。与之相当的《中部·有明大经》,没有这一段文。《相应
部》"无为相应",有空等三三昧②,《杂阿含经》与之相当的(《大
正藏》八九〇经)却没有。《长部》的《等诵经》、《长阿含经》的
《众集经》,在所说的三法中,有空等三三昧③,而此经的论——
《阿毗达磨集异门足论》却没有。以上,是彼此的有无不定。次
第方面,如《中阿含经》、《长阿含经》、《大毗婆沙论》、《瑜伽
论》,都是以空、无愿、无相为次第④;而南传的《相应部》、《长
部》、《增支部》,都以空、无相、无愿为次第⑤。这样的次第先后
不定,彼此的有无不定,可以推定为:这虽是佛教界所共传的,而
成立稍迟,受到了部派的影响。但到底为了什么,三三昧中,略
去无所有而增入无愿呢? 这可能是无所有已成为无所有处,与
空相通的意义渐渐地被忽略了。同时,佛法的要义,是如实知无
常、苦、无我我所——空,厌、离欲、灭而得解脱。对于世间的有
为诸行——苦,厌离而不愿后有,是修解脱道者应有的心境。这
所以无愿取代无所有的地位吧! 还有,空、无所有、无相——三
三昧,究竟是重于空离一切烦恼的有为法的正观,但在佛法开展

　　① 《中阿含经》(二一一)《大拘絺罗经》(大正一·七九二上)。
　　② 《相应部》(四三)"无为相应"(南传一六上·七九)。
　　③ 《长部》(三三)《等诵经》(南传八·二九八)。《长阿含经》(九)《众集经》
(大正一·五〇中)。
　　④ 《中阿含经》(二一一)《大拘絺罗经》(大正一·七九二上)。《长阿含经》
(九)《众集经》(大正一·五〇中)。《阿毗达磨大毗婆沙论》卷一〇四(大正二七·
五三八上)。《瑜伽师地论》卷一二(大正三〇·三三七上——下)。
　　⑤ 《长部》(三三)《等诵经》(南传八·二九八)。《相应部》(四三)"无为相
应"(南传一六上·七九)。《增支部》"三集"(南传一七·四九五)。

中,对超越一切的涅槃也增加了注意。如《中阿含经》（二一一）《大拘绹罗经》（大正一·七九二中）说：

> "有二因二缘,住无想定。云何为二？一者,不念一切相；二者,念无想界。是谓二因二缘住无想定。"

《中部》与此经相当的,是《有明大经》①,无想定是无相心定的异译。所说的无相,有二方面：一是不作意一切相的无相,一是超越一切相的无相界——涅槃。修无相三昧的,要不作意一切相,又要作意于无相。如佛《化诜陀迦㫼延经》,本来只是不依一切相——无一切相,而依此经演化所成的,无想以外,又要有想。有想的是："此寂静,此殊妙,谓一切行寂止,一切依定弃,爱尽,离贪,灭尽,涅槃"；"有灭涅槃"②。这样,空是重于无常、无我的世间；无相是离相以外,更表示出世的涅槃；无愿是厌离世间,向于寂灭的涅槃。空、无愿、无相——三三昧,三解脱门,就这样的成立了。

三触,也是与空、无所有（或无愿）、无相有关的。《中部》的《有明小经》说："从想受灭起比丘,触三触：空触,无相触,无愿触。"③《中阿含经》与之相当的,这样说："从灭尽定起时,触三触。云何为三？一者不移动触,二者无所有触,三者无相触。"④

---

① 《中部》（四三）《有明大经》（南传一○·一九）。

② 《增支部》"十一集"（南传二二下·二九一）,又"十集"（南传二二上·二○九——二一○）。

③ 《中部》（四四）《有明小经》（南传一○·二七）。

④ 《中阿含经》（二一一）《大拘绹罗经》（大正一·七九二上）。然依《阿毗达磨大毗婆沙论》卷一五三,是《法乐比丘尼经》,与《中部》说相合（大正二七·七八一中）。

《大毗婆沙论》与《瑜伽论》也是这样说的①。三三昧与三触，当然意义不同，但名目相通，是显然可见的。试列表对比如下：

三三昧		三触	
古说	新说	《中阿含》	《中部》
空	空	不动	空
无所有	无愿	无所有	无相
无相	无相	无相	无愿

空，从观慧得名的；不动，不为苦乐等所动，是从定得名的。不动与无所有、无相为一聚，使我们想到了《中部》的《善星经》、《不动利益经》——汉译名《净不动道经》②。这两部经所说不动；不动以后，是无所有处、非想非非想处——汉译无想处（即无相心处）。这与不动、无所有、无相——三触的次第，是完全符合的。在《净不动道经》中，不动、无所有、无相，都是依慧而立定名的。净不动道的，如不能依慧得解脱，就生在"不动"。不动是在欲、色以上的。依《大空经》说：得四增上心（四禅），修内空、外空、内外空，不动，以"不移动"为目标③。所以，不动是依第四禅而向解脱的空三昧；不得解脱而生于不动，就是一般所说的第四禅。三触是与此有关的，论师有多种解说，其中，

---

① 《阿毗达磨大毗婆沙论》卷一五三（大正二七·七八一中）。《瑜伽师地论》卷一二（大正三〇·三四一上）。

② 《中部》（一〇五）《善星经》（南传一一上·三三一——三三二）。《中部》（一〇六）《不动利益经》（南传一一上·三四一——三四三）。《中阿含经》（七五）《净不动道经》（大正一·五四二中——五四三上）。

③ 《中阿含经》（一九一）《大空经》（大正一·七三八中——七三九上）。

"有说:空是不动触,无愿是无所有触,无相是无相触"①。这是约观慧所作合理的解说。不动与第四禅有关,更引《中阿含经》(二一一)《大拘缔罗经》说(大正一·七九二上——中)为证:

> "四因四缘生不移动定,云何为四?若比丘离欲离恶不善之法,(乃)至得第四禅成就游。……三因三缘生无所有定,云何为三?若比丘度一切色想,(乃)至得无所有处成就游。……二因二缘生无想定,云何为二?一者,不念一切想;二者,念无想界。"

从初禅到四禅的修习(四)因缘,得不(移)动定。从度一切色想(空无边处),到无所有的修习(三)因缘,得无所有处定。依二因缘得无想定——无相心定;不得解脱的,成非想非非想处定。如约定境说三触,那就是第四禅、无所有处定,及无想定。

再说三法印。《杂阿含经》卷一〇(大正二·七一上、六六下)说:

> "无常想者,能建立无我想。圣弟子住无我想,心离我慢,顺得涅槃。"

> "一切行无常,一切法无我,涅槃寂灭。"

《杂阿含经》虽集成三句,但没有称之为法印。集为一聚而

---

① 《阿毗达磨大毗婆沙论》卷一五三(大正二七·七八一中)。

名为三法印的,出于《根本说一切有部毗奈耶》①。上文所说,称
为圣法印的空、无所有、无相——三三昧,重于道的实践,表示了
出世圣慧的特相,是约观慧方面说的。能导向解脱涅槃的观慧,
是正知见,如实的通达谛理,而与谛理相契合的。这样,从所观、
所证方面说,足以表示佛法谛理的,也不妨名为法印了。佛说
法,有知与行(也可说知是行的一分)。如实知"无常故苦,无常
苦故无我我所",或说"无常,苦,空,无我"。即知而行的,如《杂
阿含经》说:"正观(观,应作见)者则生厌离,厌离者喜贪尽,喜
贪尽者说心解脱。""如是观者,厌于色,厌受、想、行、识,厌故不
乐,不乐故得解脱。""于色(等)生厌,离欲,灭尽,不起诸漏,心
正解脱。""是名如实知。输屡那! 如是于色、受、想、行、识生
厌,离欲,解脱。"②在圣道的修行中,一再说:"依远离,依无欲,
依灭,向于舍。"③《大毗婆沙论》引经而解说:"依厌离染,依离
染解脱,依解脱涅槃"④。从经论的一再宣说,可见知而后能行;
修行的重要层次,主要为:厌离,离欲,灭,解脱。无常、苦、无我
(空),当然也可说是法印,但从知而行而证的佛法全体来说,无
常等是偏于现实世间的正观,而没有说到理想——解脱涅槃的
实现。这样,诸行无常与厌离,诸法无我与离欲染,涅槃寂静与
灭尽、解脱,固然是相互对应的,而诸行无常与诸法无我是现实
的谛理,涅槃寂静是理想的证得。这样的三法印,表征着全部佛

① 《根本说一切有部毗奈耶》卷九(大正二三·六七〇下)。
② 《杂阿含经》卷一(大正二·一上、二上、六上、六中)。
③ 如《杂阿含经》卷二七(大正二·一九五中——下)。
④ 《阿毗达磨大毗婆沙论》卷二八(大正二七·一四五下)。

法的特色。

空等三三昧,与无常等三法印的关系,如下:

空	空	诸法无我
无所有	无愿	诸行无常
无相	无相	涅槃寂静

从空、无所有、无相,着重于正观的三三昧,演化为空、无愿、无相的三三昧,只是着重于出世道的出发于厌离,终于不愿后有生死的相续而解脱。在圣道中,依无常(苦)而引发的厌离(无愿),是有重要意义的。施护异译的《佛说法印经》,对离慢知见清净部分,解说为:"识蕴既空,无所造作,是名无作(无愿的异译)解脱门。……如是名为圣法印,即是三解脱门。"①三法印与三解脱门合一,虽是晚期所译,文义有了变化,但重视无常、无愿,不失原始佛教的本意。

一〇　胜解观与真实观

四禅、八定、九次第定等一切定法,原本只是四禅,其余是由观想而成立的。四禅在佛法中的重要性,上文已引经说明。从经文所说的四禅异名,也可以了解四禅的特胜,如《瑜伽师地论》卷一一(大正三〇·三三一上)说:

"是诸静虑名差别者,或名增上心,谓由心清净增上力正审虑故。或名乐住,谓于此中受极乐故。所以者何?依

————————

① 《佛说法印经》(大正二·五〇〇下)。

诸静虑，领受喜乐、安乐、舍乐、身心乐故。又得定者，于诸
静虑，数数入出，领受现法安乐住故。……或复名为彼分涅
槃，亦得说名差别涅槃。由诸烦恼一分断故，非决定故，名
彼分涅槃；非究竟涅槃故，名差别涅槃。"

比丘们依四禅得漏尽、解脱，是经中所常见的。如经说五安
稳住，也就是四禅及漏尽①。上面说到，《善星经》与《不动利益
经》(汉译名《净不动道经》)，都以不动、无所有、无相为次第。
第四禅名不动，在不动与无所有中间，为什么没有空无边处、识
无边处呢？原来，不动、无所有、无相，是如实观的三昧，而空无
边处与识无边处，是世俗假想观的三昧。这二类观想的分别，如
《大毗婆沙论》说："有三种作意，谓自相作意、共相作意、胜解作
意。……胜解作意者，如不净观，持息念，(四)无量，(八)解脱，
(八)胜处，(十)遍处等。"②《瑜伽师地论》说："胜解作意者，谓
修静虑者，随其所欲，于诸事相增益作意。真实作意者，谓以自
相、共相及真如相，如理思惟诸法作意。"③依此可以知道：自相
作意、共相作意、真如作意，是一切法真实事理的作意；胜解作意
是假想观，于事是有所增益的。如不净观，想青瘀或脓烂等，观
自身及到处的尸身，青瘀或脓烂，这是与事实不符的。是夸张的
想像所成的定境，所以说是"增益"。佛法中的八解脱、八胜处、
十遍处，都是胜解作意。彼此的相互关系，对列如下：

---

① 《增支部》"五集"(南传一九·一六五)。
② 《阿毗达磨大毗婆沙论》卷一一(大正二七·五三上)。
③ 《瑜伽师地论》卷一一(大正三〇·三三二下)。

八胜处	十遍处	八解脱
内有色想观外色少 内有色想观外色多		内有色想观外色
内有色想观外色少 内有色想观外色多		内无色想观外色
	地遍处 水遍处 火遍处 风遍处	
内无色想观外色青	青遍处	
内无色想观外色黄	黄遍处	
内无色想观外色赤	赤遍处	净解脱身作证
内无色想观外色白	白遍处	
	空遍处	空无边处
	识遍处	识无边处
		无所有处
		非想非非想处
		想受灭身作证

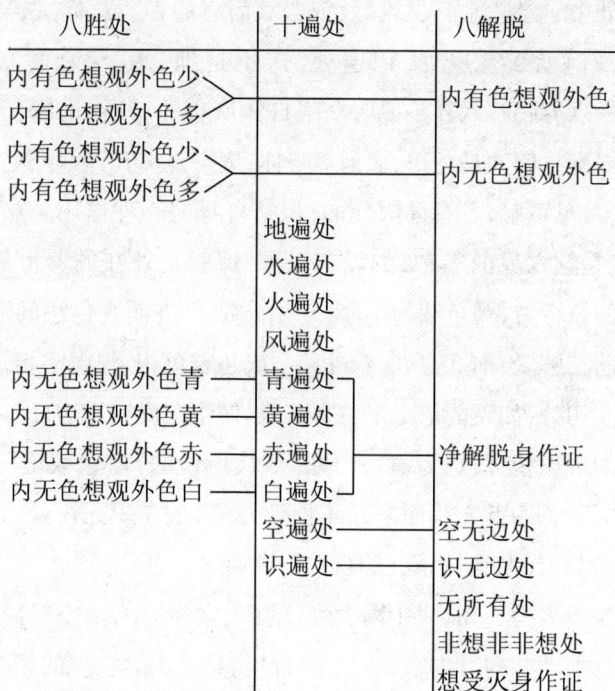

　　解脱、遍处（不净念在内）、胜处，这三类定法，相通而又有所不同，都出发于色的观想，在不同的弘传中，发展成三类不同的定法。古人将这三类总集起来，解说为浅深的次第①。胜处的前四胜处，与解脱的前二解脱相当，是不净观。胜处的后四胜处，与第三解脱的"净解脱身作证"相当，是净观；遍处的前八遍处，也是净观。青、黄、赤、白，是所造色；所造色依于能造的四大——地、水、火、风，所以有前四遍处。前三解脱、前八遍处、八胜处，都是依色界禅定，缘欲界色为境的，都是胜解的假想观。

---

① 《阿毗达磨大毗婆沙论》卷八五（大正二七·四四二中）。

十遍处中,在地、水、火、风(及依四大而有的青、黄、赤、白)遍处以上,有(虚)空遍处,识遍处,这不是地、水、火、风、虚空、识——六界吗?六界是说明众生自体所有的特质,构成众生自体的因素。四大是色法,血肉等身体;虚空是鼻孔、咽喉、毛孔等空隙,可见可触,是有局限性的;识是自身的心理作用。众生自体,只是这六界的综和,如没有识界,那就是外在的器世界了。古代的修行者,观色法的不净(对治贪欲),进而观色法的清净,就是前三解脱、前八遍处、八胜处。或超越色相,观虚空相,胜解为遍一切处,如不能依之发慧得解脱,便生在虚空无边处。或进一步的观识相,假想为遍一切处(后代所说的"心包太虚"、"心遍十方",都由此定境而来),不能解脱的,生在识无边处。无色界的前二天(及定),依此修得的定境而来。

四禅名为不动。《中阿含经》的《大空经》中,内空、外空、内外空与不动并列。内空、外空、内外空,是从根、境、识的相关中,空于五欲;不动是观五阴无常、无我,内离我慢。不动修习成就,就是空住的成就。如著空而不得解脱,就称四禅为不动。《善星经》、《不动利益经》等说:不动、无所有、无相为次第,是谛理的如实观。如有著而不得解脱的,生在(四禅)、无所有处、无想处——非想非非想处(更进而立灭受想定)。在四禅与无所有处间,本没有空无边处、识无边处的。由于十遍处的修得,依六界的次第进修,而在四禅与无所有处间,结合空无边处、识无边处,而成四禅、四无色定——八等至;更加灭受想定,成九次第等至(定)。总列如下:

种种想	四禅	十遍处	八胜处	八解脱	九次第定
欲					
	初禅		内有色想观外色少	内有色想观外色解脱	初禅
			内有色想观外色多		
	二禅		内无色想观外色少	内无色想观外色解脱	二禅
色			内无色想观外色多		
	三禅				三禅
		地水火风遍处			
不动	四禅	青黄赤白遍处	内无色想观青黄等（四）	净解脱	四禅
		空遍处		空无边处解脱	空无边处定
		识遍处		识无边处解脱	识无边处定
无所有				无所有处解脱	无所有处定
无相				非想非非想处解脱	非想非非想处定
				灭受想解脱	灭受想定

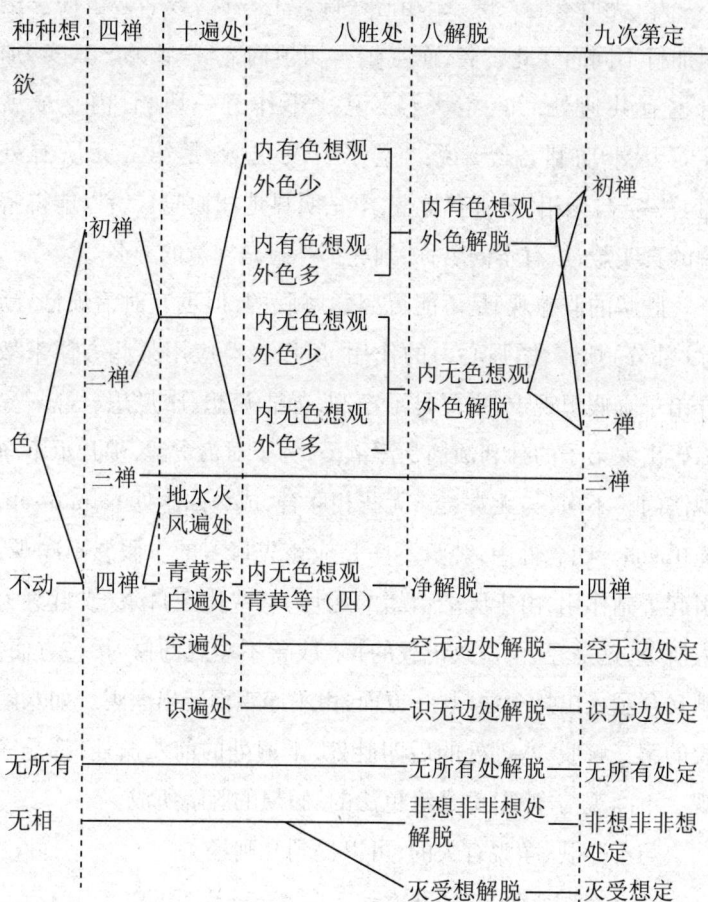

　　佛法的解脱道,是依止四禅,发真实慧,离欲而得解脱的。真实慧依于如实观:"无常故苦,无常苦故无我";"无我无我所"——空,是一贯的不二的正观。能离一切烦恼,离一切相,契入超越的寂灭。依于观慧的加行不同,名为空,名为无所有,名为无相。如止观相应而实慧成就,依观慧立名,名为空(性)

心三昧、无所有心三昧、无相心三昧。心三昧，或名心解脱。虽因加行不同而立此三名，而空于一切烦恼，是一致的。其实，加行也有共通处，如《空大经》说："不作意一切相，内空成就住。"①《不动利益经》说："空于我及我所，是第二无所有处道。"②空与无相，无所有与空，不是明显地相通吗！所以能得解脱的真实慧，虽有不同名称，到底都不过是空慧的异名。

胜解的假想观，是不能得究竟解脱的，但也有对治烦恼、断除（部分）烦恼、增强心力的作用，所以释尊应用某些方便来教导弟子。假想观中，主要是不净观，如青瘀想、脓烂想、骨想等。障碍出家弟子的猛利烦恼是淫欲爱，为了对治贪淫，佛开示不净观法门。不净，与无常、苦、无我相联合，成为四念处 carrāro-sati-paṭṭhānā。四念处中，观身不净是应该先修习的。假想不净观，引起了副作用，由于厌患情绪的深切，有些比丘自杀，或自愿为人所杀，这是经、律一致记载的③。改善不净观的修习，一方面，佛又开示入出息念法门；一方面，由不净观而转出净观。如八解脱的第三解脱、八胜处的后四胜处、十遍处的前八遍处，都是净观。不净观与净观，都是缘色法的、假想的胜解所成。

与不净观、净观有关的，可以提到几则经文。

一、《杂阿含经》卷一七（大正二・一一六下）说：

---

① 《中部》（一二二）《空大经》（南传一一下・一二九）。《中阿含经》（一九一）《大空经》作："度一切色想，行于外空"（大正一・七三八中）。

② 《中部》（一〇六）《不动利益经》（南传一一上・三四三）。《中阿含经》（七五）《净不动道经》（大正一・五四二下）。

③ 《杂阿含经》卷二九（大正二・二〇七中——二〇八上）。《相应部》（五四）"入出息相应"（南传一六下・一九三——一九六）。各部广律四波罗夷的杀戒，都载有此一因缘。

"世尊告诸比丘:有光界,净界,无量空入处界,无量识入处界,无所有入处界,非想非非想入处界,有灭界。"

"彼光界者,缘暗故可知。净界,缘不净故可知。"①

经中立七种界,在虚空无边处以前,有光界、净界。光界与净界,与第二禅名光天、第三禅名净天的次第相合。禅天的名称,是与此有关的。依修观成就来说,光是观心中的光明相现前,如胜解而能见白骨流光,就能由不净而转净观,观地、水、火、风、青、黄、赤、白等。光与净,都依胜解观而成就。净观的内容,如地等清净,是清净的国土相;青等清净,通于器界或众生的净色相。胜解净相,在定中现见清净身、土,渐渐引发了理想中的清净土、清净身说。

二、《中阿含经》(七三)《天经》(大正一·五四○中——下)说:

"我为智见极明净故,便在远离独住,心无放逸,修行精勤,……即得光明,便见形色;及与彼天共同集会,共相慰劳,有所论说,有所答对;亦知彼天如是姓,如是字,如是生;亦知彼天如是食,如是受苦乐;亦知彼天如是长寿,如是久住,如是命尽;亦知彼天作如是如是业已,死此生彼;亦知彼天(属)彼彼天中;亦知彼天上,我曾生(其)中,未曾生(其)中也。"

此经,巴利藏编入《增支部》"八集"(成立可能迟一些),下

---

① 《相应部》(一四)"界相应"(南传一三·二二二——二二三)。

接胜处与解脱①。得殊胜知见,是修定四大目的之一。本经的精勤修行共分八个层次。先胜解光明相,如光相成就,能于光明中现见色相,色相是(清净的)天色相。光明相现前,现见清净天色相,与解脱、胜处的净观成就相当。进一步,与诸天集会,互相问答。这样的定境,使我们想起了《般舟三昧经》的阿弥陀佛现前,佛与修行者问答(不但见色相,还听见声音)。无著修弥勒法,上升兜率天,见弥勒菩萨,受《瑜伽师地论》。密宗的修习成就,本尊现前,也能有所开示。原则是一样的,只是修行者信仰对象不同而已②。依《般舟三昧经》说:所见的不是真实佛,是自己的定心所现③。《摄大乘论本》说:“诸瑜伽师于一物,种种胜解各不同,种种所见皆得成,故知所取唯有识。”④胜解的假想观多彩多姿,在佛教的演进中,急剧的神教化也助成了唯心思想的高扬。

　　三、《中阿含经》的《有胜天经》,《中部》作《阿那律经》⑤。《有胜天经》说:“有三种天:光天,净光天,遍净光天。”⑥这三天,“因人心胜如(如是不如,胜如即优劣)故,修便有精粗;因修有精粗故,得(至天)人则有胜如”。不但有差别,每一天的天人,也有胜妙与不如的。所以有差别,是由于因中的修行,有精粗不同。以光天来说,因中“意解作光明想成就游(成就游,异

　　① 《增支部》“八集”(南传二一·二四一——二四九)。
　　② 参阅拙作《初期大乘佛教之起源与开展》(八四七——八四八,本版七二三——七二四)。
　　③ 《般舟三昧经》卷上(大正一三·九〇五下——九〇六上)。
　　④ 《摄大乘论本》卷上(大正三一·一三七中)。
　　⑤ 《中阿含经》(七九)《有胜天经》(大正一·五四九中——五五〇下)。《中部》(一二七)《阿那律经》(南传一一下·一七九——一九〇)。
　　⑥ 三天说,又见《中阿含经》(七八)《梵天请佛经》(大正一·五四八上)。

译作具足住），心作光明想极盛"。然由于胜解的光明想，有大有小，所以"光天集在一处，虽身有异而光不异"。如各"各散去时，其身既异，光明亦异"。净光天的差别，是因中"意解净光天遍满成就游"，如不再修习，生在净光天中，就"不得极寂静，亦不得尽寿讫"；如"数修数习"，生天时就能"得极寂静，亦得尽寿"。遍净光天生在一处，也是有差别的，那是虽同样的"意解遍净光天遍满成就游"，如"不极止睡眠，不善息调（调，是掉举的旧译）悔"，那就"彼生（天）已，光不极净"；如"极止睡眠，善息调悔"，"彼生（天）已，光极明净"。《有胜天经》的三天，《阿那律经》作四天：少光天，无量光天，杂染光天，清净光天。少光天与无量光天，与《有胜天经》光天的二类相当。杂染光天与清净光天，与《有胜天经》中清净光天的"光不极净"、"光极明净"二类相当。三天或四天，不外乎光与净，与七界的光界、净界相当。其实，清净（色相）是不能离光明的①。

成就四禅而不得解脱的，感得四禅天的果报。四禅诸天的名字，也是渐次成立的。经中常见的"天、魔、梵"，魔以下有种种天，如超出魔界，就名为梵天，这是适合于印度教的。佛教中，欲界以魔天（他化自在天）为最高，如出魔界，也就是离欲界的禅天，所以初禅天就名为梵天。佛弟子修胜解观，依光明相而现起，所以缘色法而修胜解的，不外乎光明相与清净色相。修此而感报的，也就是光天与净天，作为二禅天、三禅天的名字。由于光明相等有优劣，所以又分每一禅天为三天（或二天）。但在初

---

① 光明想的修习，应用极广，如睡时作光明想，或解说光明为"法光明"。

期圣典中,四禅天的名字,是梵天或梵众天、光音天、遍净天、广果天。第四禅只是广果天,这一名称,可能初期以此为最高处,定或依慧得解脱,第四禅是广大果吧!佛教假想观及如实观的发达,对于上二界诸天的安立,是有直接关系的。

第二章　部派——空义之开展

一　空义依闻思而开展

佛说的一切法门,是随顺于解脱的。解脱之道,是如实知无常、苦、(空)、无我;依厌、离欲、灭、无所取著而得解脱。解脱要依于慧——般若;修行如实观慧而能离烦恼的,主要的方便,是空、无所有、无相。空于贪、嗔、痴的,也是无相、无所有的究竟义,所以在佛法的发扬中,空更显著的重要起来。

在圣道的修习中,空、无所有、无相,都重于观慧的离惑。但空与无相,显然有了所观察的理性意义。如无相,本是"不作意一切相","不取一切相",而《有明大经》说:"二缘入无相心解脱:一切相不作意,及作意无相界。"①这样,要入无相心解脱(或作"无相心三昧")的,不但不作意一切相,而且要作意于无相。无相界,是无相寂静的涅槃。涅槃的体性如何,部派中是有诤论的,但都表示那是众苦寂灭而不可戏论的。所以"作意无相

---

① 《中部》(四三)《有明大经》(南传一〇·一九)。《中阿含经》(二一一)《大拘缔罗经》(大正一·七九二中)。

界"，涅槃是所观想的境界——义理或理性的。空也是这样，无
我无我所是空，空是一切法遍通的义理，也是所观的。又立"出
世空性"，以表示空寂的涅槃。这样，空与无相，不只是实践的
圣道——三昧、解脱，也是所观、所思的法义了。

佛法重于修行，修行是不能没有定的，但真能离烦恼得解脱
的，是如实智、平等慧如实观①。与定相应的慧学，在次第修学
过程中，有四入流分（预流支）：亲近善士，听闻正法，如理作意，
法随法行②。佛的化导，以语言的教授教诫为主，所以弟子们要
由闻、思、修的学程，才能引发无漏智慧，知法见法，得预流果。
《杂阿含经》中，每对"愚痴凡夫"，说"多闻（或作有闻）圣弟
子"，"见圣人，知圣人法，善顺圣人法；见善知识，知善知识法，
善顺善知识法"。亲近善士，经闻、思、修习，才能引发无漏智，
所以对从佛而来的文句，从事于听闻、思惟，是慧学不可或缺的
方便。为了佛法的正确理解，为了适应外界的问难而有所说明，
佛教界渐渐地注重于教法的闻思，于是乎论阿毗达磨、论毗陀罗
出现了。佛教初期的闻思教法，虽重于事类的分别抉择，而
"空"义也依闻思而发扬起来，这是部派佛教的卓越成就！

部派佛教的文献，现存的以说一切有部、赤铜鍱部为详备，
其他也有多少传述。初期大乘论，如《大智度论》、《瑜伽师地
论》，也有可参考的。部派佛教思想，本来都是依经的。但各部

---

① 平等慧如实观，或译为如实正观、真实正观。平等慧，巴利原语为
sammāppaññā，即正慧。
② 《杂阿含经》卷三〇（大正二·二一五中）。《相应部》（五五）"预流相应"
（南传一六下·二二八）。

所诵本,文句不完全相同,相同的也解说不一致,所以在空义的开阐中,当然也有所不同。事实上,部派佛教在印度,演进到"一切法空"的大乘时代。

二　胜义空与大空

说一切有部是特长于法义论究的部派。说一切有部内有二大系:重经的是持经、譬喻者,重论的是阿毗达磨论师。后来,阿毗达磨论师系成为说一切有部的正宗,于是乎持经譬喻者演化为说经部。有部与经部的法义,对大乘佛教、大乘论师的主流——中观与瑜伽二派,思想上有密切的关联。

汉译《杂阿含经》,是说一切有部的诵本,与赤铜鍱部的《相应部》相当。《杂阿含经》中,有以空为名的二经,是《相应部》所没有的,可以说是属于部派的(但也不只是有部的)。

一、《第一义空经》,如《杂阿含经》卷一三(大正二·九二下)说:

> "眼,生时无有来处,灭时无有去处。如是眼,不实而生,生已尽灭,有业报而无作者,此阴灭已,异阴相续,除俗数法。耳、鼻、舌、身、意,亦如是说。"

> "俗数法者,谓此有故彼有,此起故彼起,……纯大苦聚集起。又复此无故彼无,此灭故彼灭,……纯大苦聚灭。比丘! 是名第一义空法经。"

第一义空,是胜义空的异译,赵宋施护的异译本,就名《佛说胜义空经》。经中,以眼等六处的生灭,说明生死相续流转中,有业与报(报,新译作"异熟"),而作者是没有的。这是明确的"法有我无"说。没有作业者,也没有受报者(作者、受者,都是自我的别名),所以不能说有舍前五阴而续生后五阴的我。不能说有作者——我,有的只是俗数法。俗数法是什么意义?《阿毗达磨顺正理论》引经①说:

　　"如世尊说:有业有异熟,作者不可得,谓能舍此蕴及能续余蕴,唯除法假。"

　　"胜义空经说:此中法假,谓无明缘行,广说乃至生缘老死。"

依玄奘所译的《顺正理论》,可知俗数法是法假的异译。法假即法施设,施设可译为安立或假名。法施设——法假,就是无明缘行等十二支的起灭。鸠摩罗什所译《成实论》,译此经文为:"诸法但假名字。假名字者,所谓无明因缘诸行……"②《瑜伽论》解说法假为:"唯有诸法从众缘生,能生诸法。"③《胜义空经》作:"别法合集,因缘所生。"④所以经义是:唯有法假施设,缘起的生死相续,有业有异熟,而没有作业受报的我。缘起法是假有,我不可得是胜义空。《胜义空经》的俗数法(法假)有、第一义空,虽不是明确的二谛说,而意义与二谛说相合,所以《瑜伽

---

　　① 《阿毗达磨顺正理论》卷二五(大正二九·四八五上),又《论》卷二八(大正二九·四九八中——下)。
　　② 《成实论》卷一二(大正三二·三三三上)。
　　③ 《瑜伽师地论》卷九二(大正三〇·八二六下)。
　　④ 《佛说胜义空经》(大正一五·八〇七上)。

论》就明白地说:"但唯于彼因果法中,依世俗谛假立作用。"①法假施设是假(名),胜义空是空;假与空,都依缘起法说。依缘起说法,《杂阿含经》是称之为"离此二边,处于中道而说法"的②。龙树的《中论》说:"诸佛依二谛,为众生说法。""众缘所生法,我说即是空,亦为是假名,亦是中道义。"③二谛与空假中义,都隐约地从这《胜义空经》中启发出来。

《第一义空经》的前分,有关生灭的经义,留在下一节与其他有关的经文一同解说。

二、《大空经》:如《杂阿含经》卷一二(大正二·八四下、八五上)说:

> "云何为大空法经? 所谓此有故彼有,此起故彼起,谓缘无明行,缘行识,乃至纯大苦聚集。缘生老死者,若有问言:彼谁老死? 老死属谁? 彼则答言:我即老死。今老死属我,老死是我所。言命即是身,或言命异身异,此则一义而说有种种。若见言命即是身,彼梵行者所无有;若复见言命异身异,梵行者所无有。于此二边,心所不随,正向中道,贤圣出世如实不颠倒正见,谓缘生老死。"

> "诸比丘! 若无明离欲而生明,彼谁老死,老死属谁者,老死则断则知,断其根本,如截多罗树头,于未来世成不生法。……。若比丘! 无明离欲而生明,彼无明灭则行灭,乃至纯大苦聚灭,是名大空法经。"

---

① 《瑜伽师地论》卷九二(大正三〇·八二六下)。
② 《杂阿含经》卷一二(大正二·八五下)。
③ 《中论》卷四(大正三〇·三二下),又卷四(大正三〇·三三中)。

《大空经》所说,是否定"老死(等)是我"、"老死属我"的邪见,与"命即是身"、"命异身异"的二边邪见相同,而说十二缘起的中道正见。

命即是身——我即老死(以身为我)

命异身异——老死属我(以身为我所)

命(jīva)是一般信仰的生命自体,也就是我(ātman)的别名。身是身体(肉体),这里引申为生死流转(十二支,也可约五阴,六处说)的身心综合体。假如说:我即老死(生、有等),那是以身为自我——"命即是身"了。假如说:老死属于我,那是以身为不是我——"命异身异"了。身是属于我的,我所有的,所以命是我而身是我所。这一则经文,《相应部》"因缘相应"中也是有的,但没有《大空经》的名称①。那么,有部所诵的《杂阿含经》,特地称之为《大空经》,到底意义何在?《瑜伽论》解说为:"一切无我,无有差别,总名为空,谓补特伽罗无我及法无我。补特伽罗无我者,谓离一切缘生行外,别有实我不可得故。法无我者,谓即一切缘生诸行,性非实我,是无常故。如是二种略摄为一,彼处说此名为大空。"②依《瑜伽论》说,补特伽罗无我与法无我,总名为大空。补特伽罗无我,是"命异身异"的,身外的实我不可得。法无我是"命即是身"的,即身的实我不可得。这二种无我,也可说是二种空,所以总名为大空。所说的法无我,与"一切法空"说不同,只是法不是实我,还是"法有我无"说。不过,有的就解说"大空"为我法皆空了。

---

① 《相应部》(一二)"因缘相应"(南传一三·八八——九五)。

② 《瑜伽师地论》卷九三(大正三〇·八三三中)。

三　无来无去之生灭如幻

说一切有部说"三世实有，法性恒有"，似乎与大乘法空义背道而驰，其实，在说一切有思想的开展中，对"一切法空"是大有影响的，真可说是"相破相成"。这里再举三经来说。

一、《胜义空经》——《第一义空经》，说有业报而没有作者，上文已说过了。怎样说明有业有报呢？《杂阿含经》卷一三（大正二·九二下）这样说：

> "眼（等），生时无有来处，灭时无有去处。如是眼（等）不实而生，生已尽灭，有业报而无作者。"

眼等六处，是依前业所生起的报体，所以初生时，是"诸蕴显现，诸处获得"；"得阴，得界，得入处，得命根，是名为生"①。为了说明依业招感报体，没有作者，所以先说眼等报体的生灭情形。这一段经文，玄奘所译《阿毗达磨顺正理论》卷五一（大正二九·六二五下——六二六中）这样说：

> "如胜义空经中说：眼根生位，无所从来；眼根灭时，无所造集；本无今有，有已还去。……有业有异熟，作者不可得。"

眼等根是从缘而生灭的，生灭是"无所从来"、"无所造集"

---

① 《相应部》（一二）"因缘相应"（南传一三·四）。《杂阿含经》卷一二（大正二·八五中）。

的,这是什么意义呢? 佛法中,在没有生起以前,可能生起,有生起的可能,那就与没有不同,所以说"未来有"、"当有"。眼等是生而又刹那灭去的,虽已成为过去,不可能再生,但有生起后果的作用,不可能说没有,所以说"过去有"、"曾有"。"现在有",是当前的生灭。如眼根是色法,是微细的色(物质)。眼极微从因缘生,名为从未来来现在。说眼根未生起时,在未来中,但未来没有空间性,不能说从未来的某处来,所以说"无所从来"。现在的眼极微,是依能造的地等四大极微等和集而住的。刹那间灭入过去,不能说没有了;成为过去的眼根,不再是四大等极微和集而住,所以说"灭时无所造集"。无所造集,《瑜伽论》解说为:"灭时,都无所往积集而住,有已散灭。"①眼根等"来无所从,去无所至(往)",所以说"不实而生,生已尽灭"。"尽灭",玄奘译为"有已散灭",或"有已还去"。散灭与还去,都不是没有。这样,从缘生灭的眼根,有三世可说,而实是来无所从、去无所至的。

　　说一切有部说三世实有,说过去与未来是现在的"类",是同于现在的。但在未来与过去中,色法没有极微的和集相,心法也没有心聚的了别用,却说过去与未来的法性与现在的没有任何差异,所以说"三世实有,法性恒住"。说一切有部的法性实有,从现在有而推论到过去与未来;过去与未来的实有,有形而上"有"的倾向。这才从现在的眼根生灭,而得出"生时无所从来,灭时无所往至"的结论。"来无所从,去无所至"——以这样

---

　　① 《瑜伽师地论》卷九二(大正三〇·八二六中)。

的语句说明现有,不正与大乘如幻、如化的三世观,有某种共同吗?

二、《抚掌喻经》:《抚掌喻经》从"譬如两手和合相对作声"的譬喻得名。《杂阿含经》卷一一(大正二·七二下)说:

> "比丘! 诸行如幻,如炎,刹那时顷尽朽,不实来实去。"

《顺正理论》引此经说:"诸行如幻,如焰,暂时而住,速还谢灭。"①《瑜伽论》作了分别的解说:"又此诸行,以于诸趣种种自体生起差别不成实故,说如幻事。想、心、见倒迷乱性故,说如阳焰。起尽法故,说有增减。刹那性故,名曰暂时。数数坏已,速疾有余频频续故,说为速疾。现前相续,来无所从,往无所至,是故说为本无今有,有已散灭。"②《抚掌喻经》从刹那生灭,来无所从,去无所至,说明诸行的虚伪不实,与《胜义空经》的见解是完全一致的。

三、《幻网经》:《十诵律》所传的"多识多知诸大经"中,有"摩那阇蓝,晋言化经"③。"摩那"应该是摩耶的误写,"摩耶阇蓝",译为"幻网"。《幻网》与《抚掌》,都是有部所诵的。《幻网经》没有汉译,《阿毗达磨顺正理论》卷四引此经(大正二九·三五〇下)说:

> "佛告多闻诸圣弟子,汝等今者应如是学:诸有过去、

---

① 《阿毗达磨顺正理论》卷一四(大正二九·四一一下)。
② 《瑜伽师地论》卷九一(大正三〇·八二〇下)。
③ 《十诵律》卷二四(大正二三·一七四中)。

未来、现在眼所识色,此中都无常性、恒性,广说乃至无颠倒
性,出世圣谛,皆是虚伪妄失之法。"

《成唯识宝生论》也引述此经,"都无常性"以下,译为:"无
有常定、无妄、无异(的)实事可得,或如所有,或无倒性,悉皆非
有,唯除圣者出过世间,斯成真实。"①这是说:一切世间法,都是
虚伪妄失法,没有常、恒、不异的实性可得。《幻网经》也有如
"见幻事"的譬喻②,与《抚掌喻经》相同。

以上三经,是有部与经部所共诵的,而解说不同。有部以
为:三世法性是实有的,为了遣除常、恒、我我所等妄执,所以说
虚妄、如幻喻等。经部解说为没有实性,并引用为无缘也可以生
识的教证。经文的本义也许近于有部,但不可能是有部那样的
实有。我,外道虽有妄执离蕴计我的,其实,"沙门、婆罗门计有
我,一切皆于此五受阴计有我"③。如五阴——一一法是常、是
恒、是不变易,那一一法可说是我了。但五阴等诸行无常、无恒、
是变易,所以实我是不可得的。《中阿含经·想经》说:"彼于一
切有一切想,一切即是神(我的旧译),一切是神所,神是一切
所。彼计一切即是神已,便不知一切。"④如于一切法而有所想
著,一切就是我我所。所以通达无我,要如实知一切(行)是无
常、变易、虚伪妄失法,不著于相(想)。如实知诸行无常、无恒

---

① 《成唯识宝生论》卷四(大正三一·九一下)。
② 《阿毗达磨顺正理论》卷五〇(大正二九·六二三中)。
③ 《杂阿含经》卷三(大正二·一六中)。《相应部》(二二)"蕴相应"(南传一
四·七二)。
④ 《中阿含经》(一〇六)《想经》(大正一·五九六中)。《中部》(一)《根本
法门经》(南传九·二)。

等,正是为了显示我不可得。然我所依、所有的诸行,从生无所从来,去无所至,虚伪不实,如幻、如焰去观察,那么实我不可得,诸行也非实有的思想,很自然地发展起来。

有为法是虚伪不实的,《杂阿含经》早已明确地说到了。如五阴譬喻:色如聚沫,受如水泡,想如野马(阳焰的异译),行如芭蕉,识如幻(事)。所譬喻的五阴,经上说:"谛观思惟分别,无所有,无牢,无实,无有坚固;如病、如痈,如刺、如杀,无常、苦、空、非我。"①《相应部》也说:"无所有,无实,无坚固。"②五譬喻中,聚沫喻、水泡喻,都表示无常、不坚固。芭蕉喻,是外实而中虚的。幻事喻,是见也见到,听也听到,却没有那样的实事。野马喻,如《大智度论》说:"炎,以日光风动尘故,旷野中见如野马,无智人初见谓之为水。"③野马,是迅速流动的气。这一譬喻的实际,是春天暖了,日光风动下的水汽上升,远远的望去,只见波浪掀腾。渴鹿会奔过去喝水的,所以或译为"鹿爱"。远望所见的波光荡漾,与日光有关,所以译为炎、焰、阳焰。远望所见的大水,过去却什么也没有见到。阳焰所表示的无所有、无实,很可能会被解说为虚妄无实——空的。

还有琴音的譬喻,如《杂阿含经》卷四三(大正二·三一二下)说:

"有王闻未曾有好弹琴声,极生爱乐。……王语大臣:我不用琴,取其先闻可爱乐声来! 大臣答言:如此之琴,有

①《杂阿含经》卷一〇(大正二·六八下)。
②《相应部》(二二)"蕴相应"(南传一四·二一九——二二一)。
③《大智度论》卷六(大正二五·一〇二中)。

众多种具,谓有柄,有槽,有丽,有弦,有皮,巧方便人弹之,得众具因缘乃成音声。……前所闻声,久已过去,转亦尽灭,不可持来。尔时,大王作是念言:咄! 何用此虚伪物为!"①

琴是虚伪的,琴音是从众缘生,刹那灭去。依此譬喻,可见一切为有为法都是虚伪不实的。"虚妄劫夺法者,谓一切有为。"②有为是虚妄的、虚伪的,由于刹那生灭的探求,得出"生时无所从来,灭时往无所去"——不来不去的生灭说。这无疑为引发一切法空说的有力因素。

四　声闻学派之我法二空说

声闻部派中,有说一切法空的。由于文献不充分,不明了究竟是哪些部派,但说法空的部派确实是存在的。如龙树《大智度论》说到三种法门:"一者蜫勒门,二者阿毗昙门,三者空门。"③三种法门中的"空门",有的属于声闻,引声闻三经来说明。又于说"一切法空"时,引六(或七)经,明"三藏中处处说法空"④。《智论》又说:"若不得般若波罗蜜法,入阿毗昙门则堕有中,若入空门则堕无中,若入蜫勒门则堕有无中。"⑤这可见,

---

① 《相应部》(三五)"六处相应"(南传一五·三〇六——三〇七)。
② 《般若灯论释》卷八(大正三〇·九〇上)。《中论》卷二,译作"虚诳妄取"(大正三〇·一七中)。
③ 《大智度论》卷一八(大正二五·一九二上——中)。
④ 《大智度论》卷三一(大正二五·二九五下)。
⑤ 《大智度论》卷一八(大正二五·一九四上——中)。

广引声闻经而说一切法空的,不是龙树自己,而是声闻的部派。以下,依《智论》所引的经说,可以了解"空门"是怎样解说法空的。

一、《大空经》:上文已说到了说一切有部的见解。汉译《杂阿含经》说:"若有问言:彼谁老死? 老死属谁? 彼则答言:我即老死;今老死属我,老死是我所。"并与"命即是身"、"命异身异"相配合①。依"空门"的见解,这是说法空的,如《大智度论》说:

> "声闻法中,法空为大空。……是人老死,(人不可得,)则众生空。是老死,(老死不可得,)是法空。"

> "若说谁老死,当知是虚妄,是名生空。若说是老死,当知是虚妄,是名法空。"②

生空——众生空,法空,"空门"是成立二空的。经说"今老死属我,老死是我所。"是邪见虚妄的,因而说"是老死,是法空"。这是以无我为我空,无我所是法空的。与《成实论》所说:"若遮某老死,则破假名;遮此老死,则破五阴"(破五阴即法空)的意见相合③。

二、《梵网经》:如《大智度论》卷一八(大正二五·一九三上)说:

> "《梵网经》中六十二见。若有人言:神常、世间亦常,

---

① 《杂阿含经》卷一二(大正二·八四下)。

② 《大智度论》卷三一(大正二五·二八八上),又《论》卷一八(大正二五·一九三上)。

③ 《成实论》卷一二(大正三二·三三三上)。

是为邪见。若言神无常、世间无常,是亦邪见。神及世间常
亦无常,神及世间非常亦非非常,皆是邪见。以是故知诸法
皆空是为实。"

《梵网经》是《长阿含经》的一经①。经说六十二见,是综举
印度当时外道们的异见,内容为过去十八见、未来四十四见。
《论》文所引神及世间常、无常等,是六十二见的前四见。常、无
常等四见,在《杂阿含经》中,是十四不可记的前四见②。本来只
是世间常、无常等,而《梵网经》作神及世间常、无常等。神,是
我的古译。世间,《杂阿含经》约六根、六境、六识、六触、六受
说③,是众生的身心活动。《长阿含经》分别为神我与世间,那是
我与法对举,也可说以众生自体与山河大地相对论,也就是一般
所说的众生(世间)与(器)世间了。

《智论》依"空门",以神我及世间常、无常等邪见,解说为
"诸法皆空,是为(如)实"。依经文,并没有法空说的明文,这经
过怎样的理解而论定是空呢?神我是不可得的,所以说我是常
是无常等,都是邪见。但"佛处处说有为法,无常、苦、空、无我,
令人得道,云何(《梵网经》)言(世间)无常堕邪见"?在佛的不
同教说中,似乎存有矛盾!《大智度论》引经而加以解说,如卷
一八(大正二五·一九三上——中)说:

① 《长阿含经》(二一)《梵动经》(大正一·八九下以下)。《长部》(一)《梵
网经》(南传六·一五以下)。
② 《杂阿含经》卷三四(大正二·二四五中——二四九上)。《相应部》(三
三)"婆蹉种相应"作"十见"(南传一四·四一八——四二七)。
③ 《杂阿含经》卷九(大正二·五六上——下)。《相应部》(三五)"六处相
应"(南传一五·六四、八六——八七)。

"佛告摩诃男……若(人)身坏死时,善心意识,长夜以信、戒、闻、施、慧熏心故,必得利益,上生天上(以上引经,以下解说)。若一切法念念生灭无常,佛云何言诸功德熏心故必得上生!以是故知非无常性。"

"佛随众生所应而说法:破常颠倒,故说无常。以人不知不信后世故,说心去后世,上生天上;罪福业因缘,百千万劫不失。是对治悉檀,非第一义悉檀,诸法实相非常非无常。佛亦处处说诸法空,诸法空中亦无无常。以是故说世间无常是邪见,是故名为法空。"

佛说无常,使人得道,这是原始佛教的事实。"诸行无常"的无常,原语为 anitya;无常性是 anityatā。佛不但说无常,也说无恒、变易、不安隐等。《瑜伽论》依经说:"于诸行中,修无常想行有五种,谓由无常性,无恒性,非久住性,不可保性,变坏法性。"①佛说无常等,不是论究义理,而是指明事实。如四非常偈说:"积聚(财富)皆销散,崇高(名位、权势)必堕落,(亲友)合会要当离,有生无不死。"这是要人对这现实世间(天国也在内),不可迷恋于不彻底的、终究要消失的福乐,起厌离心而向于解脱。然而,一切凡夫,都是寄望于永恒而恋著这世间的,所以《杂阿含经》卷一二(大正二·八一下)说:

"愚痴无闻凡夫,于四大身,厌患、离欲、背舍而非识。"

"愚痴无闻凡夫,宁于四大身系我我所,不可于识系我

---

① 《瑜伽师地论》卷八六(大正三〇·七七八中)。

我所。所以者何？四大色身，我见十年住，二十、三十乃至百年；若善消息，或复小过。彼心意识，日夜时刻须臾转变，异生异灭。"①

　　愚痴无闻的一般人，对于四大色身——肉体，有的还能生厌离心，而对于心识却不能厌离，固执地执我我所。依佛的意思，对于四大色身，执我我所而不能厌离，多少还可以原谅。因为我们的色身，有的活了十年、二十年，有的能活到一百岁。如将护调养得好，有的还少少超过一百岁。有这样的长期安定，所以不免迷恋而执著。我们的心意识，是时刻不停地在变异，前灭的不同于后起的，所以说异生异灭。这样的刹那生灭变异，而众生却固执地执为我我所，如一般所说的灵魂，玄学与神学家称之为真心、真我。这都以为在无常变化中，有生命的主体不变，从前生到今生，从今生到后世。佛针对世俗的妄执，对生死流转中的一切，宣说"诸行无常"。无常，是要人不迷恋于短暂的福乐，而向于究竟的解脱。这是被称为"如实知"与"正见"的。说到世间（常与）无常是邪见，无常的原语是 aśāśvata，虽同样地译为无常，但与诸行无常不同。邪见的世间无常，是以为有情世间是一死了事，没有生死流转，是断灭论者、顺世的唯物论者的见解。在佛陀时代的印度，顺世派是少数。诸行无常是正见，世间无常是邪见，在原始佛教里，应该是没有矛盾的。

　　正见的诸行无常，邪见的世间无常，是没有矛盾的。但在佛法法义的论究中，两种无常有点相同，那为什么一正一邪呢？世

---

① 参照《相应部》（一二）"因缘相应"（南传一三·一三六——一三八）。

间无常,是前灭而以后没有了,犯了中断的过失。诸行无常,是有为生灭的。如经上所说,心是时刻不住地生灭,前前与后后不同。论究起来,即使是最短的时间——刹那,也是有生灭的,这就是"念念生灭无常"。四大色身,不是十年、二十年……百年没有变异的,也是年异、月异、日异,即使一刹那间,也是生灭无常的。这样的刹那生灭,前刹那没有灭,后刹那是不能生起的。如前刹那已灭,已经灭了,也就不能生起后刹那。如所作的善恶业,也是刹那灭的,业灭而成为过去,又怎能招感未来,也许是百千万亿劫以后的善恶报呢? 因果相续的诸行无常,由于"刹那生灭",前灭后生的难以成立,就与世间无常的中断一样,那为什么一正一邪呢?为了刹那生灭而又要成立前后相续,说一切有部依三世有说,法性恒有,灭入过去而还是存在(有)的,所以能前后相续而起。经部依现在有说,灭入过去,是成为熏习而保存于现在,所以能前后续生。但部派的意见不一,不是大家所能完全同意的。说法空的部派,以为"佛处处说无常,处处说不灭"(不灭就是常),"佛随众生所应而说法"。说诸行无常,为了破常颠倒,一切法"非实性无常",不能说是灭而就没有了。说"心去后世,上生天上"等,为了破断灭见,并非说心是前后一如的。这都是随顺世俗的方便,如论究到诸法实相(实相是"实性"的异译),是非常非无常的。空性也是非常非无常的,是超越常无常等一切戏论执见的,所以佛说十四事不可记(不能肯定地说是什么,所以佛不予答复),六十二见是邪见,正表示了一切法空的正见。

三、《义品》,如《大智度论》卷一八(大正二五·一九三中——下）说：

> “佛说义品偈：各各谓究竟，而各自爱著，各自是非彼，
> 是皆非究竟。是人入论众，辩明义理时，各各相是非，胜负
> 怀忧喜。胜者堕㤭坑，负者堕忧狱，是故有智者，不随此二
> 法。论力汝当知！我诸弟子法，无虚亦无实，汝欲何所求！
> 汝欲坏我论，终已无此处；一切智难胜，适足自毁坏。如是
> 等处处声闻经中说诸法空。”

《义品》一六经，巴利藏编入《小部》的《经集》，与《义品》相
当的，有吴支谦所译的《佛说义足经》，二卷，一六品。法藏部称
此为“十六句义”或“句义经”①。句是 pada 的意译，有足迹的意
义，所以译为《义足经》的，可能是法藏部的诵本。《大智度论》
一再引用《义品》，如上明法空所引的五偈外，又明第一义悉檀，引
《众义经》三偈；明无诤法，引《阿他婆耆经》（“阿他婆耆”是“义
品”的音译）三偈；引《利众经》（利众即众利，利是义利的利），明
不取著一切法——法空；引《佛说利众经》二偈，明如实知名色②。
《瑜伽师地论》也引《义品》，明一切法离言法性③。《义品》的成
立很早，《杂阿含经》（“弟子记说”）已经解说到了④。从《大智

<hr>

① 《四分律》卷三九（大正二二·八四五下），又卷五四（大正二二·九六八
中）。
② 《大智度论》卷一（大正二五·六〇下——六一上），又卷一（大正二五·六
三下——六四上），又卷三一（大正二五·二九五下），又卷二七（大正二五·二五九
中）。
③ 《瑜伽师地论》卷三六（大正三〇·四八九上）。
④ 《杂阿含经》卷二〇（大正二·一四四中——下）。《相应部》（二二）“蕴相
应”（南传一四·一三——一四）。

度论》与《瑜伽论》的引用,可见《义品》对大乘法性空寂离言的思想是有重要影响的。上文所引的五偈,是论力(《义足经》作勇辞,勇辞是论力的异译。《经集·义品》作波须罗)①梵志举外道的种种见,想与佛论诤谁是究竟的。佛告诉他:人都是爱著自己的见解,以自己的见解为真理,自是非他的互相论诤,结果是胜利者长憍慢心,失败者心生忧恼。这意味着:真理是不能在思辨论诤中得来的,引向法性离言空寂的自证。

说法空的声闻学派,引了《大空经》、《梵网经》、《义品》——三经,并说"处处声闻经中说诸法空"。《大智度论》在说"一切法空"后,又简略地引述了声闻藏的六(或七)经,如《论》卷三一(大正二五·二九五中——下)说:

> "有利根梵志,求诸法实相,不厌老病死,著种种法相,为是故说法空,所谓先尼梵志,不说五众即是实,亦不说离五众是实。"

> "复有强论梵志,佛答:我法中不受有无,汝何所论?有无是戏论法,结使生处。"

> "及杂阿含中,大空经说二种空,众生空、法空。"

> "罗陀经中说:色众破裂分散,令无所有。"

> "筏喻经中说:法尚应舍,何况非法!"

> "波罗延经、利众经中说:智者于一切法不受不著,若受著法,则生戏论,若无所依止,则无所论。诸得道圣人,于

---

① 《佛说义足经》卷上(大正四·一七九下——一八〇上)。《经集·义品》(南传二四·三二〇——三二三)。

诸法无取无舍,若无取舍,能离一切诸见。如是等三藏中处
处说法空。"

六经中第一,先尼梵志事,见《杂阿含经》(巴利藏缺)。佛
与仙尼的问答是:色(等五阴)是如来? 异(离)色是如来? 色中
有如来? 如来中有色? 如来是我的异名,如如不动而来去生死
的如来,不即色,不离色,如来不在色中,色不在如来中①——这
就是一般所说的"非是我,异我,不相在"。《论》文所说"不说五
众(五阴)即是实,亦不说离五众是实","实"就是如来,无实即
无如来——我。这是二十句我我所见,而法空说者,依四句不可
说是如来,解说为法空。《先尼梵志经》可能是法空派所诵本,文
句略有出入。《般若经》的原始部分,曾引先尼梵志的因信得入一
切智,是继承声闻法空派的解说,集入《般若经》为例证的②。

第二,强论梵志,如上面《义品》所说的。"强论"就是"论
力",《义足经》是译为"勇辞"的。

第三,《大空经》,已在上文说过。

第四,《罗陀经》,见《杂阿含经》,如说:"于色境界,当散坏
消灭;于受、想、行、识境界,当散坏消灭。断除爱欲,爱尽则苦
尽。"③五阴的散坏消灭,或依此立散空。

第五,《筏喻经》,见《中阿含经》的《阿梨吒经》④。"法尚应

①　《杂阿含经》卷五(大正二·三二上——中)。

②　《小品般若波罗蜜经》卷一(大正八·五三七下)。

③　《杂阿含经》卷六(大正二·四〇上)。《相应部》(二三)"罗陀相应"(南传
一四·三〇〇)。

④　《中阿含经》(二〇〇)《阿梨吒经》(大正一·七六四中——下)。《中部》
(二二)《蛇喻经》(南传九·二四七——二四八)。

舍,何况非法"的经意是:佛说的一切法(九分或十二分教),善巧了解,目的是为了解脱。所以闻思法义,对解脱是有用的,是有必要的;但为了解脱,就不应取著(诤论)文义,因为一有取著,就不得解脱。如一般所说:"渡河须用筏,到岸不用船。"从此可见,如来说法,只是适应众生说法,引导众生出离,而不是说些见解,要人坚固取著的。无边法门,都不过适应众生的方便。"法(善的正的)尚应舍,何况(恶的邪的)非法",表示了一切法空。

第六,《波罗延经》是《经集》的《彼岸道品》。《众利经》是《经集》的《义品》。长行略引二经的经意,明智者于一切法不受不著、不取不舍,与《义品》的第一八偈相当①。

声闻的法空学派,引声闻经以说法空的,主要的理由是:一、无我所;二、五阴法散灭;三、不落二边——四句的见解;四、佛法是非诤论处;五、智者不取著一切法。法空的学派,与阿毗昙门的辨析事相是不同的。这是着眼于佛法的理想,方便引导趣入、修证的立场。

五 常空、我我所空

《杂阿含经》卷一一(《抚掌喻经》)(大正二·七二下)说:

"空诸行,常、恒住、不变易法空,无我我所。"

空诸行,经约根、境、识、触、受、想、思说。与此意义相同的,

---

① 《经集·义品》(南传二四·三一〇——三一二)。《佛说义足经》(大正四·一七八上——下)。

是空世间，如说："云何名为世间空？佛告三弥离提：眼（等）空，常、恒、不变易法空，（我）我所空。所以者何？此性自尔。"①《相应部》也有此经，约根、境、识、触、受说世间，只说"我我所空，故名空世间"②。空，是以无我我所为主的，《杂阿含经》为什么说"常、恒、不变易法空"呢？《杂阿含经》（与《相应部》）常见这样的文句，如说："无常即苦，苦即非我，非我者亦非我所。"③又常见这样的问答，如说④：

"于意云何？……（色）、受、想、行、识，为常为无常耶？答言：无常。

又问：若无常者，是苦耶（乐耶）？答言：是苦。

又问：若无常苦者，是变易法，圣弟子宁于中见（色、受、想、行、）识是我、异我、相在不？答曰：不也。"

五阴、六处等无我我所，是从无常、苦，变易法而得到定论的。如依文释义，无常、苦、变易法、无我我所——空，文字不同，意义当然也有所差别。如依文义相成来说，那无常等都可说是空了。无常故苦，苦是依无常而成立的，如《杂阿含经》卷一七（大正二·一二一上）说：

"佛告比丘：我以一切行无常故，一切诸行变易法故，

① 《杂阿含经》卷九（大正二·五六中）。
② 《相应部》（三五）"六处相应"（南传一五·八七——八八）。
③ 例如《杂阿含经》卷一（大正二·二上）。《相应部》（二二）"蕴相应"（南传一四·三三——三四）。
④ 《杂阿含经》卷一（大正二·六下）。《相应部》（二二）"蕴相应"（南传一四·七七——七八）。

说诸所有受悉皆是苦。"

一般地说,受有三类:苦受,乐受,不苦不乐受。约三受说,不能说"诸所有受悉皆是苦"的。然从深一层说,一切行是无常、变易法,是不可保信的,不安隐的,终于要消失过去的,所以说"诸所有受悉皆是苦"。一般所执的自我,一定是常(恒、不变易),是乐(自在),而一切行非常非乐,这哪里可说有我呢!无常是苦义,无常苦(变易法)是无我义;无常、苦、无我是相成的。这样的论究,不但我我所是空,常、恒、不变易法也可说是空了。这样的解说,不只是说一切有部这样说,属于分别说系的《舍利弗阿毗昙论》也说:"以何义空?以我空,我所亦空,常空,不变易空。"①巴利藏《小部》的《无碍解道》也说:"我、我所、常、坚固、恒、不变易法空。"②这可见,依我我所空,进而说常、恒、不变易法空,是上座部系的一致意见。

印度文化中的我,曾发展到与宇宙的本体——梵,无二无别,然原本只是众生的自我。我,一定要有"自在"、"乐"的属性,如不自在、苦,那就不能说是我了。如《杂阿含经》卷二(大正二·七中——下)说:

"若色(受、想、行、识,下例)是我者,不应于色病苦生,亦不应于色欲令如是,不令如是。以色无我故,于色有病有苦生,亦得于色欲令如是,不令如是。"

①《舍利弗阿毗昙论》卷一六(大正二八·六三三上)。
②《无碍解道》(南传四一·一一四)。

经说无常故苦，无常苦故无我，是一贯的、相依相成的，为什么经上只说无我、我所、常、恒、不变易法空，而没有说是苦是空呢？佛教界的论究，倾向于客观事相的观察，观一切法（不限于众生自体）都是无我——空的，但不能说器世界是无常故苦，苦故无我，只能说是无常、无我——空。倾向于客观的事相观察（阿毗达磨的特性如此），所以说"无我、我所、常、恒、不变易法空"了。

六 三三摩地

空、无所有、无相，是方便不同而究竟一致的；究竟一致的，就是空。后来演化为三三昧：空、无愿、无相，又名三解脱门，这已在前一章说明了。在三三昧中，显然空是更重要的，如《杂阿含经》说："若得空已，能起无相、无所有，离慢知见者，斯有是处。"①这是说，真正的无所有（或无愿）、无相，要先得空住，才有修得的可能。《阿毗达磨大毗婆沙论》卷一〇四（大正二七·五四〇中——下）说：

> "空三摩地，是诸内道不共住处。……外道法中，虽无真实无愿、无相，而有相似，谓粗行相等相似无愿，静行相等相似无相。九十六种外道法中，尚无相似空定，况有真实！故唯说空定是内道不共法。"

空定（定即三摩地、三昧的意译）是内道不共法，也就是说：

---

① 《杂阿含经》卷三（大正二·二〇中）。

佛法与一般宗教的根本差别所在,就是空三昧。的确,佛法的最大特色,是(无常苦故)无我——空。

三三昧——空、无愿、无相,说一切有部以三缘来建立它的差别。空是约对治说的:"空三摩地是有身见近对治故。"无愿是约期心说的:"诸修行者,期心不愿三有法故";"期心不愿三有,圣道依有,故亦不愿"。无相是约所缘说的:"此定所缘离十相故,谓离色、声、香、味、触,及女、男、三有为(生、住异、灭)相。"也有依行相差别建立的:说一切有部,立四谛、十六行相,"空三摩地,有空、非我二行相;无愿三摩地,有苦、非常,及集(谛下四:因、集、缘、生),道(谛下四:道、如、行、出)各四行相;无相三摩地,有灭(谛下灭、静、妙、离)四行相"①。这是约能为四谛下烦恼对治的无漏智说,如约有漏智所缘行相说,那空与无我二行相,是通于四谛、一切法的。不但有漏的苦与集,是空的、无我的;无漏有为的圣道,无漏无为的灭,也是空的、无我的②。含义虽与大乘不同,而可以说是"一切法空"的。

空是通于无我无我所的,如经说"世间空"是"我我所空故,名空世间"③;"空诸行"是"无我我所"④。这可见无我是空,无我所也是空。但说一切有部,以为空就是无我(我所),只是说明上有些不同,如《阿毗达磨大毗婆沙论》卷九(大正二七·四五上——中)说:

①　《阿毗达磨大毗婆沙论》卷一〇四(大正二七·五三八上——下)。
②　《阿毗达磨大毗婆沙论》卷九(大正二七·四五上——下)。
③　《相应部》(三五)"六处相应"(南传一五·八八)。
④　《杂阿含经》卷一一(大正二·七二下)。

　　"有说……谓空行相义不决定,以一切法有义故空,约
　　他性故;有义故不空,约自性故。非我行相无不决定,以约
　　自他俱无我故。由此尊者世友说言:我不定说诸法皆空,定
　　说一切法皆无我。"

这是说一切有部的正义。说一切法无我,是确定的、彻底的,因
为不论什么法,即法异法,都非是我,所以一切法决定是无我的。
说诸法皆空——一切皆空,这是不能依文取义的。这一见解,是
依《中阿含经·小空经》的①。如说鹿子母堂空,是说鹿子母堂
中没有牛、羊、人、物,不是说鹿子母堂也没有。鹿子母堂自性是
不空的,空的是鹿子母堂内的人物。这名为"他性空",就是约
他性说空,约自性说不空。依此来说空、无我,无我是了义说,一
切法是无我的。"诸法皆空"是不了义说,空是无我,我空而法
是有——不空的。

　　《相应部》多说"无常、苦、无我(无我所)",《杂阿含经》多
说"无常、苦、空、无我"。说一切有部立十六行相,无常、苦、空、
无我,是苦谛的四行相。在十六行相中,空与无我,是二种不同
的行相,差别是:"非我行相对治我见,空行相对治我所见。"②这
是论师的一种解说,如依经文,空哪里只是无我所呢!

　　《舍利弗阿毗昙论》是印度本土分别说者的论典。《论》上
说:空定,"以何义空? 以我空,我所亦空,常空,不变易空"。空
的内容,与《杂阿含经》的《抚掌喻经》相合。无相定,"以圣涅槃

---

　　① 《中阿含经》(一九〇)《小空经》(大正一·七三七上)。《中部》(一二一)
《空小经》(南传一一下·一一九以下)。
　　② 《阿毗达磨大毗婆沙论》卷九(大正二七·四五中)。

为境界"。有生、住异、灭三相的,是有为行;涅槃没有三相——不生、不住异、不灭,所以思惟涅槃而得定的,是无相定。无三相,是有部所说无十相中的三相。无愿定有二:一、"以圣有为为境界",圣有为是无漏道。圣道如渡河的舟筏一样,渡河需要舟筏,但到岸就不用了,所以不愿圣道。二、观有漏的诸行,"苦,患,痈,箭,著,味,依缘,坏(变异)法,不定,不足,可坏众苦"。这是以无常、苦行相,观有漏生死行所成的无愿定①。《舍利弗阿毗昙论》所说三三昧的内容,与说一切有部所说的,大体相同。

《解脱道论》是属于赤铜鍱部的。所说的三解脱,如《论》卷一二(大正三二·四五九中——下)说:

"问:云何以观见成于种种道? 答:已(以)观见无常,成无相解脱。以观见苦,成无作(即无愿)解脱。以观见无我,成空解脱。"

三解脱,约从烦恼得解脱说。观无常而成无相解脱;观苦而成无作解脱;观无我而成空解脱,无我是空义。以无常、苦、无我来分别三解脱,实不如以三法印——无常明无愿、无我明空、涅槃明无相来得妥切!《解脱道论》以不同的方便(观法),成三解脱;如成就一解脱,也就是三解脱,所以说:"已得三解脱,成于一道。"因为"解脱者唯道智,彼事为泥洹"②。三解脱约无漏道智得解脱说,而所得解脱是没有差别的。

---

① 《舍利弗阿毗昙论》卷一六(大正二八·六三三上——中)。
② 《解脱道论》卷一二(大正三二·四五九下——四六〇上)。

七　空之类集

在佛法中,空的重要性,渐渐地显著起来。有《小空经》与
《大空经》的集出,编入《中阿含经》(《中部》)中。《小空经》是
次第深入的,有的空而有的是不空。《大空经》是内外次第观察
的,立内空、外空、内外空。《杂阿含经》有大空、胜义——第一
义空。这就共有五种空了。综合而加以说明的,如《舍利弗阿
毗昙论》卷一六(大正二八·六三三上)说:

> "空定(有)六空:内空,外空,内外空,空空,大空,第一
> 义空。"

《舍利弗阿毗昙论》在说明空定——空三昧的内容时,说到
了六空,除上面所说的五种空外,多了一种空空。《大毗婆沙
论》说:《施设论》立"三重三摩地",有空空三摩地①。空空的名
词,可能是从《施设论》来的。六空的空义是:"以何义空? 以我
空,我所亦空,常空,不变易空。"或但略说为"以我空,我所亦
空"②。《婆沙论》引《施设论》,也说:"谓有苾刍,思惟有漏有取
诸行,皆悉是空。观此有漏有取诸行,空无常、恒、不变易法、我
及我所。"③以无常(无恒无变易)无我无我所为空义,与《舍利
弗阿毗昙论》说相同,也与说一切有部所说"非常,非恒,非不变

① 《阿毗达磨大毗婆沙论》卷一〇五(大正二七·五四三上)。
② 《舍利弗阿毗昙论》卷一六(大正二八·六三三上——中)。
③ 《阿毗达磨大毗婆沙论》卷一〇五(大正二七·五四三上)。

易,非我我所,故皆名空"①意义一致。

《阿毗达磨大毗婆沙论》卷一〇四(大正二七·五四〇上)说:

> "施设论说空有多种,谓内空,外空,内外空,有为空,无为空,无边际空,本性空,无所行空,胜义空,空空。"

《大毗婆沙论》卷八也说到"十种空",但"无所行空"译为"散坏空"。对比《舍利弗阿毗昙论》六空如下:

《施设论》十空	《舍利弗阿毗昙论》六空
内空(adhyātma-śūnyatā)	1 内空
外空(bahirdhā-ś.)	2 外空
内外空(adhyātma-bahirdhā-ś.)	3 内外空
有为空(saṃskṛta-ś.)	
无为空(asaṃskṛta-ś.)	
无边际空(anavarāgra-ś.)	
本性空(prakṛti-ś.)	
无所行空(散坏空 anavakāra-ś.)	
胜义空(paramârtha-ś.)	6 胜义空
空空(śūnyatā-ś.)	4 空空
	5 大空(mahā-ś.)

两论对比起来,《施设论》多了有为空、无为空、无际空、本性空、散坏空——五空,却少了大空。《杂阿含经》说大空,在

---

① 《阿毗达磨大毗婆沙论》卷一〇四(大正二七·五三八下)。

《相应部》中有同样的经文，却没有大空的名称。所以，《施设论》综集为十空而没有大空，可能那时还没有大空的名目。经上说"世间空"、"诸行空"，都约有为法说，所以立有为空。无为空是灭谛、涅槃空。无（边）际空，如《杂阿含经》说："众生无始生死以来，长夜轮转，不知苦之本际。"①生死流转的开始，是不可记别的②。没有生死的前际（以后又引申到后际）可得，所以说无际空。本性空，如经说："眼（等）空，常、恒、不变易法空，我（我）所空。所以者何？此性自尔。"③自性与本性，说一切有部是看作异名同实的，如《大毗婆沙论》说："如说自性，我，物，自体，相，分，本性，应知亦尔。"④约自性说空，有部是限定于我我所空的。散坏空，如佛为罗陀说："于色境界当散坏消灭，于受、想、行、识境界当散坏消灭。"⑤在这十种空中，如依前六空的定义来说，那无为法不生不灭，只能说无我我所空，可不能说是"非常、非恒、非变易法"空了。如以生死无始为空，五阴散坏为空，都不能以"无我我所"、"非常、非恒、非变易法，非我我所"的定义，说明他是空了。没有论文可考，不能作确切的定论，但十空说的内容显然已超越了说一切有部的空义。要知道，《施设论》是说一切有部六分毗昙的一分，但《施设论》是不限于说一切有部的⑥。

---

① 《杂阿含经》卷三三（大正二·二四〇下）。
② 如《杂阿含经》卷三四（大正二·二四七下）。
③ 《杂阿含经》卷九（大正二·五六中）。
④ 《阿毗达磨大毗婆沙论》卷一（大正二七·四上）。
⑤ 《杂阿含经》卷六（大正二·四〇上）。《相应部》（二三）"罗陀相应"（南传一四·二九九——三〇〇）。
⑥ 拙作《说一切有部为主的论书与论师之研究》（一四三——一四四，本版一二二——一二三）。

《小部》的《无碍解道》，有"空论"一章。先引《相应部》"六处相应"的"空"经，然后广列二十六空，一一地给以说明。二十六种空是①：

"空空，行空，坏空，最上空，相空，消除空，定空，断空，止灭空，出离空，内空，外空，俱空，同分空，异分空，寻求空，摄受空，获得空，通达空，一性空，异性空，忍空，摄持空，深解空，及正知者流转永尽一切空性中胜义空。"

依《无碍解道》的说明，在这二十六种空中，一、内空，外空，俱空（就是内外空），空空，这四种空的意义是"我、我所、常、坚固、恒、不变易法空"，与说一切有部等所说相同。二、消除空，定（或译彼分）空，断空，止灭空，出离空，寻求空，摄受空，获得空，通达空，忍空，摄持空，深解空：此十二种空与《空小经》的方法相同，也是次第深入，一分一分的空。如消除（或译伏，伏惑的伏）空是：依出离故贪欲消除空，依无嗔故嗔消除空，依光明想故惛沉睡眠消除空，依不散乱故掉举消除空，依法决定故疑消除空，依智故无明消除空，依胜喜故不欣喜消除空，依初禅故五盖消除空，……依阿罗汉道一切烦恼消除空。从消除空到出离空，都是依这样的次第说空②。寻求空以下，都与出离有关，如出离寻求，……出离深解。所以，寻求空是：出离寻求故贪欲空，无嗔寻求故嗔恚空，……阿罗汉道寻求故一切烦恼空。一直到

① 《无碍解道》（南传四一·一一四）。以下解说，见该书（一一四——一二四）。

② 唯"定空"末句，作"依退转观合现贪定空"（南传四一·一一七）。

深解空是：出离深解故贪欲空，……阿罗汉道深解故一切烦恼空。这十二种空，都是一分一分的空，到达一切烦恼空为止。离（一分或全部）烦恼为空，正是《相应部》中空于贪、嗔、痴的本义。三、从出离贪欲，到阿罗汉道一切烦恼空的次第，还有一性空、异性空及胜义空的一分。贪欲、嗔等是异性，出离、无嗔等离烦恼是一性。思出离等一性而贪欲等异性空，能离烦恼的一性也是空，名为一性空、异性空。胜义空，与说一切有部所说的不同。胜义，约涅槃说。如依出离而贪欲的流转永尽，到依阿罗汉道而一切烦恼的流转永尽，烦恼永灭而不再生起了，最究竟的是证得阿罗汉果——有余涅槃，是胜义空的一分。以上所说的种种空，都是空于烦恼的。四、胜义空的另一意义是：眼等灭，以后不再生起了。这是"一切空中的胜义空"，可说是最究竟的空。约依无余涅槃而般涅槃说，不但烦恼空，业感的异熟身，一切生死流转也永灭了。五、最上空是"一切行寂止，一切取定弃，爱尽，离欲，灭，涅槃"，也是依涅槃说（胜义空约涅槃永不生说，最上空约有为、烦恼等灭尽说涅槃）的。在《杂阿含经》中，作："一切诸行空寂，不可得，爱尽，离欲，涅槃。"①空是涅槃义，在胜义空及最上空中，明显地表示出来。六、坏空的意义是：色等是自性空的，已灭的色等，已坏是坏空。五蕴、六处是自性空的，所以已灭的是坏空，坏空与十空中的散坏空相当。七、行空，相空：行有福行，非福行，不动行；身行，语行，意行；过去行，未来行，现在行。相有愚相，贤相；生相，住异相，灭相（约五蕴、六处、十二因

---

①　《杂阿含经》卷一〇（大正二·六六中）。

缘别说）。这些行与相，都是约此中无他来说空。如福行中，非福行、不动行空；非福行中，福行、不动行空；不动行中，福行、非福行空。八、同分空，异分空：同分是同类，异分是异类。同分空是自性中自性空，异分空是他性中他性空。在这二十六种空中，七、八——二类、四空，不知依什么经义而立？

八　诸行空与涅槃空

说一切有部的阿毗达磨论师，对于空的意义，着重于经说的"常空，恒空，不变易法空，我我所空"。空是无我、无我所，如双举空与无我而辨其差别，那么空是"无我所"义。"非我行相与空行相，俱能缘一切法"①，所以可说一切法是空、无我的。不过，这只是有漏的，如果是无漏的空与无我行相，那就唯缘苦谛，不通于一切法了②。关于我我所空，《杂阿含经》这样说："常、恒、不变易法空，我（我）所空。所以者何？此性自尔。"③"此性自尔"，《瑜伽论》解说为："又此空性，离诸因缘，法性所摄，法尔道理为所依趣。"④我我所空，是法尔如此、本性如此的。《大毗婆沙论》也说："住本性空，观法本性空无我故。"⑤"一切法本性空"，说一切有部的含义当然与大乘不同，但"一切法本性空"，说一切有部的论师确已明白地揭示出来了！

---

① 《阿毗达磨大毗婆沙论》卷九（大正二七·四五中）。
② 同上。
③ 《杂阿含经》卷九（大正二·五六中）。
④ 《瑜伽师地论》卷九〇（大正三〇·八一二上）。
⑤ 《阿毗达磨大毗婆沙论》卷一〇五（大正二七·五四二中）。

　　另一方面，"贪空、嗔空、痴空"——一切烦恼空的经义，显然地没有受到说一切有部论师的注意。《杂阿含经》是以"贪欲永尽，嗔恚永尽，愚痴永尽"来表示涅槃与无为的①。"贪空、嗔空、痴空"的空，也与涅槃有关。《杂阿含经》卷一○（大正二·六六中——下）说：

　　　　"一切诸行空寂，不可得，爱尽，离欲，（灭），涅槃。"

　　与此经相当的《相应部》经，作："一切行寂止，一切依定弃，爱尽，离欲，灭尽，涅槃。"②诸行寂止，与诸行空寂相当。一切有部所诵的《杂阿含经》，的确是空寂，如《瑜伽师地论》卷八三（大正三○·七六六上）说：

　　　　"所言空者，谓离一切烦恼等故。无所得者，谓离一切所有相故。言爱尽者，谓不希求未来事故。言离欲者，谓无现在受用喜乐故。所言灭者，谓余烦恼断故。言涅槃者，谓无余依故。"

　　空，是离一切烦恼的意思。离一切烦恼而毕竟空寂，以空来表示涅槃。实际上，涅槃是不可表示的；空与不可得等，都是烘云托月式地表示涅槃。《杂阿含经》说到烦恼空，一切诸行空寂，没有受到论师们的重视，这可以断定：现在的《杂阿含经》，还是说一切有部内，经师与论师没有分派以前的诵本。

---

　　①　《杂阿含经》卷三一（大正二·二二四中）。《相应部》（四三）"无为相应"（南传一六上·七七）。
　　②　《相应部》（二二）"蕴相应"（南传一四·二○八）。

《大毗婆沙论》说："如是择灭,亦名涅槃。"①有部的论师们对涅槃的空义没有重视,而对涅槃的择灭有相当的论究,对"一切法空性"说,是有高度启发性的。《俱舍论》说："此法自性,实有离言,唯诸圣者各别内证,但可方便总相说言:是善,是常,别有实物,名为择灭,亦名离系。"②择灭是"择所得灭",以智慧简择谛理,有漏法灭,但不只是有漏法的灭无,而是得到了无为的(择)灭。依《婆沙论》③说:有多少有漏法,就有多少择灭。择灭与有漏法,是相对应的。以智慧简择,某法、某一类或一切有漏法灭了,就得一法、一类或一切的择灭(得一切择灭,名为得涅槃)。相对于一切有漏法的择灭无为,不生不灭,本来如此。约众生与众生所得来说,是同一的,所以"应作是说:诸有情类,普于一一有漏法中,皆共证得一择灭体"。一人所得的无数择灭,择灭与择灭,也是无差别的。相对应于有漏有为的择灭,不共证得而体性不二,这与(大乘)一切法本有寂灭性(或空性),不是非常类似的吗? 不过有部但约有漏法说而已。

涅槃的空义,赤铜鍱部是充分注意了的。如《无碍解道》所说的最上空、胜义空,都是约涅槃说的。消除空、定空、断空、止灭空、出离空等,或浅或深,而最深彻的,是依阿罗汉道而一切烦恼空。特别是止灭与出离,就是"依离,依离欲,依(止)灭,向于舍"的离与灭。这些文字,都表示祛除烦恼而可以名为空的,也

① 《阿毗达磨大毗婆沙论》卷三二(大正二七·一六三上)。
② 《阿毗达磨俱舍论》卷六(大正二九·三四上)。
③ 《阿毗达磨大毗婆沙论》卷三一(大正二七·一六一下——一六二下)。

可以表示涅槃①。所以四念住的不净、苦、无常、无我，也被称为净空、乐空、常空、我空了②。一切烦恼灭——一切烦恼空，烦恼的完全出离（灭，空），就是"灭（谛），涅槃"，如《无碍解道》的"离论"所说。

涅槃，被称为最上空，如《小部·无碍解道》（南传四一·一一六）说：

> "何为最上空？此句最上，此句最胜，此句殊胜，谓一切行寂止，一切取（或译"依"）定弃，渴爱灭尽，离欲，灭，涅槃。"

最上空的内容，《杂阿含经》也多处说到，如说："此则寂静，此则胜妙，所谓舍，离一切有余（依），爱尽，无欲，灭尽，涅槃。"③除了卷一〇（如上所引）说到"一切行空寂"外，一律都译作"舍"。涅槃，在《阿含经》中，是以烦恼的灭尽、蕴处（身心）灭而不再生起来表示的，如火灭一样。但以否定（遮遣）方式来表示，并不等于没有。表示超越一切的不可思议性，可以有三例。一、如《杂阿含经》卷三四（大正二·二四四下）说：

> "甚深，广大，无量，无数，皆悉寂灭。"④

《瑜伽论》解说为："世尊依此，密意说言：甚深，广大，无量，无

---

① 《四谛论》卷三说："汝问无余、灭、离、灭、舍、断、弃，此七义何异者，答：此皆是涅槃别名。"（大正三二·三九〇上）凡涅槃别名，大抵可以称之为空。

② 《清净道论》三（南传六四·二七〇）。

③ 《杂阿含经》卷三一（大正二·二二〇上），又卷三（大正二·一五下）。

④ 《中部》（七二）《婆蹉衢多火（喻）经》说："甚深，无量，莫知其底，犹如大海。"（南传一〇·三一七——三一九）

数,是谓寂灭。由于此中所具功德难了知故,名为甚深;极宽博故,名为广大;无穷尽故,名为无量;数不能数,无二说故,名为无数。"①这是以大海的难以测度来比喻的。这一喻说,在超越中意味着不可思议的内容,可能引起不同的解说。二、如《杂阿含经》卷三四(大正二·二四五下)说:

> "灭;寂静,清凉,真实。"②

《瑜伽论》解说此经,分别为"寂灭;寂静,清凉,宴默"③。"真实",更意味着充实的内含。三、如《杂阿含经》卷九(大正二·六〇上)说:

> "尽,离欲,灭,息,没已,有亦不应说,无亦不应说,有无亦不应说,非有非无亦不应说。……离诸虚伪,得般涅槃。"

末二句,与此相当的《增支部》作"戏论灭,戏论寂"④。《杂阿含经》的虚伪是戏论的异译。涅槃是不能是有或是无的;这些相对的语句都不过是戏论,戏论是不足以表示涅槃的。《杂阿含经》渐倾向于涅槃的真实性,所以说一切有部以为"实有涅槃";"一切法中,唯有涅槃是善是常"⑤。赤铜鍱部说涅槃空,当然也

① 《瑜伽师地论》卷五〇(大正三〇·五七七中)。
② 《杂阿含经》卷二(大正二·九上),又卷一一(大正二·七五上)。
③ 《瑜伽师地论》卷八七(大正三〇·七八九中)。
④ 《增支部》"四集"(南传一八·二八四)。
⑤ 《阿毗达磨大毗婆沙论》卷三四(大正二七·一七七中),又卷三一(大正二七·一六二中)。

不会说涅槃是没有。着重于涅槃空的说明,于是乎诸行空性,涅槃空性,可说有二种空性了。如《小部·论事》(南传五八·三六五)注说:

> "有二空性,蕴无我相与涅槃。此中无我相一分,或方便说系属行蕴,但涅槃则无所系属。"

从圣典的施设名言来说,有为诸行本性空,所以离有为诸行(烦恼,业,烦恼业所感的报体)的涅槃,也说为空。直从涅槃说,一切语言都是戏论,空也是不可说的。但从诸行空,空却诸行而可名为涅槃,当然虽不可说,而也可说是空(是灭,是出离等)了。依诸行灭而施设涅槃,诸行空性与涅槃空性果真是条然不同的二种空性吗?

九　二谛与一切法空无我

空,有二方面。诸行空,那是无我我所的意思,进而说明为"常空,恒空,不变易法空,无我我所"。另一方面是:一切烦恼空,空的是烦恼(业苦),也就以空来表示离烦恼(业苦)的涅槃。寂、出离、(止)灭、灭等,也都表示是空的,有"出世空性"的名称。这二方面,胜义空明显地表示了这一意义。在《杂阿含经》中,是缘起生死相续中,有业报而没有作者(我的异名)。缘起因果是俗数法——法假,无我是胜义。依诸行无我而说胜义空(性),是说一切有部系所说。在《无碍解道》中,胜义空是一切烦恼永灭,六处永灭;涅槃是胜义,依涅槃的寂灭而说胜义空,是赤铜鍱部所说。胜义空,也许不载于原始圣典,而在佛法的流传发扬中受到部派的重视,是一项明显的事实。

俗数法与胜义,佛教界安立为二谛:世俗谛,胜义谛。依四谛而明二谛的安立,《大毗婆沙论》列举了四家的二谛说①。第一家,以苦、集二谛为世俗,灭、道二谛为胜义。这是世间虚妄、出世间真实的二谛说,与说出世部相近②。第二家,以前三谛为世俗,道谛为胜义。第三家以为:"四谛皆是世俗谛摄。……唯一切法空非我理,是胜义谛,空非我中,诸世俗事绝施设故。"第四家是有部的评家正义:"四谛皆有世俗、胜义。……苦谛中有胜义谛者,谓苦、非常、空、非我理。集谛中有胜义谛者,谓因、集、生、缘理。……灭谛中有胜义谛者,谓灭、静、妙、离理。……道谛中有胜义谛者,谓道、如、行、出理。"后二家,都是以世俗事的施设为世俗谛,而胜义谛是"绝施设"——不可安立的。

后二家,可说是同一意义的不同开展。对于空性为胜义空的思想,是有重要关系的。这应该从自相、共相说起,如《阿毗达磨大毗婆沙论》卷四二(大正二七·二一七上)说:

> "分别一物相者,是分别自相;分别多物相者,是分别共相。"

自相是一法(物)所有的,共相是通于多法的。例如色是自相;色法的无常性,是通于心、心所等的,所以无常是共相。进一步说,色是一蕴的总名,是通于种种色的。在色蕴中,有眼、耳等

---

① 《阿毗达磨大毗婆沙论》卷七七(大正二七·三九九下——四〇〇上)。
② 拙作《性空学探源》(一二一——一二二,本版八四——八五)。

法，即以眼所见的色来说，也有青、黄、赤、白等多法，所以色也还是通于多法的。这样推求下去，一直到不可再分析的一一极微自性，才是色的自相。所以《大毗婆沙论》说："诸法自性，即是诸法自相；同类性是共相。"①自性是一一法的自体，在有部中，与自相是相同的。但自相依相立名，自性是以相而知法自体的。共相是通于多法的，也就是遍通的理性。一般人虽说能知事相，而实不能知一一法，不知一一法的共相。如实知四谛共相的，能见道而向解脱，所以后代就以四谛的十六行相为共相。有部的评家正义就这样地论定：四谛事相是世俗谛，四谛（一一谛四行相）的十六行相是胜义谛。共相，近于一般所说的通遍理性，但有部不许四谛以外别有抽象的通遍理性，十六行相只是四谛（一一法上）所有共通的义理。对于世俗与胜义的觉了，《大毗婆沙论》列举了多种譬喻，试引述二喻，如《论》卷四二（大正二七·二一七上）说：

> "如种种物近帝青宝，自相不现，皆同彼色，分别共相慧应知亦尔。如种种物远帝青宝，青黄等色各别显现，分别自相慧应知亦尔。"

> "如日出时，光明遍照，众暗顿遣，分别共相慧应知亦尔。如日出已，渐照众物，墙壁窍隙，山岩幽薮，皆悉显现，分别自相慧应知亦尔。"

通达共相慧的帝青宝喻，与《般若经》所说般若照见一切法

---

① 《阿毗达磨大毗婆沙论》卷三八（大正二七·一九六下）。自相与共相的论究，参阅拙作《说一切有部为主的论书与论师之研究》（八七——八九，本版七三——七六）。

空,如高入须弥,咸同金色①,正是胜义慧的同一譬喻。

有部是事理二谛说,四谛事是世俗,四谛所有的共相——理是胜义。四谛各有四行相:集、灭、道谛的四行相,是局限于集、灭、道谛的,苦谛下的四行相可不同了。苦谛的四行相:苦行相是限于苦谛的;无常行相,可通于苦、集、道三谛;空与无我行相,是通于四谛(及非择灭与虚空)的,所以空与无我,是一切法中最通遍的共相——理。以理为胜义谛,那么空无我理,可说是一切法的胜义谛理了。由于有部是"次第见(四)谛"的,所以说无漏慧所通达的空无我行相,唯是苦谛,假如是主张"一时见(四)谛"的,就不会有这一区别了。

第三家以为一切是世俗施设,"唯一切法空非我理,是胜义谛,空非我中,诸世俗事绝施设故"。这也是理事二谛,但以一切法中最通遍的义理——"空非我理是胜义谛"。这可能与一说部的见解相近。世俗唯是假名施设,空非我理是胜义,世俗假而胜义空(非我),是近似大乘空义的一派。

有部的"无常、苦、空、无我",赤铜鍱部作"无常、苦、无我",无我是空义。(空)无我遍通一切法,也是赤铜鍱部所说的。《无碍解道》有(四)"谛论"②,引经说,四谛"是如,不虚,不异"③。谛是不倒乱而确实如此的,所以谛是如(tathā),如是不异的意义。正如《佛垂般涅槃略说教诫经》所说:"月可令热,日

----

① 《摩诃般若波罗蜜经》卷二一(大正八·三六九下)。
② 《小部·无碍解道》(南传四一·一八——三二)。
③ 《相应部》(五六)"谛相应"作"是如,不离如,不异如"(南传一六下·三五三)。

可令冷,佛说四谛不可令异。"①《无碍解道》说到四谛同一通达,
也就是"一时见谛"。为什么四谛能同一通达?因为四谛是同
一所摄:"同一所摄则一性,一性则依一智通达,故四谛同一通
达。"那么四谛依什么而是同一所摄呢?《论》依四行相、九行
相、十二行相来说明。四行相是:如义、无我义、谛义、通达义,每
一谛都是如义、无我义、谛义、通达义,四谛同有这四行相,所以
说四谛是同一所摄。九行相与十二行相的前四相,就是如义、无
我义、谛义、通达义。这些义相,四谛都是有的,所以是同一所
摄,同一通达。如义与谛义间,有无我义;四谛同有无我,可见
(空)无我是通于四谛的,与有部所说相同。以空无我为遍通四
谛的胜义,是从诸行空而延展到一切空无我的。这是上座部系
着重我我所空而发扬起来的。

一○　大众部系与法空

一切烦恼空,生死不再生,以涅槃为胜义空,《无碍解道》已
说到了。但着重涅槃空而发扬起来,最足以代表声闻法空说的,
是龙树所说的"空门"②。法空说的主要理由,上文曾归纳为五
项。除"无我所"为法空外,都与涅槃空有关。"五阴散灭",是
行者灭五阴,爱尽苦尽而作苦边际。"不落四句",涅槃正是不
能以四句——有、无、亦有亦无、非有非无来说明的。"非净论
处",这是言说所不及,超越于名言的。"智者不取著一切",正

---

① 《佛垂般涅槃略说教诫经》(大正一二・一一一二上)。
② 《大智度论》卷一八(大正二五・一九二下——一九三中)。

由于涅槃智的自证。法空说，是从涅槃空（或佛证境）来观一切法的。一切法空，所以修行者随顺、趣向、临入于"无对"（绝对的）的涅槃。

在现存的部派传说中，与法空有关的资料不多，姑举四说。

一、如《佛性论》卷一（大正三一·七八七下）说：

> "小乘诸部，解执不同。若依分别部说：一切凡圣众生，并以空为其本，所以凡圣众生，皆从空出。故空是佛性，佛性者即大涅槃。"

《佛性论》是真谛所译的。以真谛所译的《部执异论》及《四谛论》所用的译名，推定分别部即分别说部，为唐译说假部的异译①。"分别部说，灭有三种：一、念念灭；二、相违灭；三、无余灭，譬如灯灭。"②涅槃是无余灭，约烦恼等灭尽无余说，灭是空的异名。依《佛性论》，分别部说：一切凡圣众生，"以空为其本"，此空显然有了形而上的本体意义。凡圣众生，或迷而流转，或悟而解脱，所有凡圣、迷悟的一切现象，都是依空而有的。空是本来如此（本性空）的，为成佛的因性，所以空就是佛性；离一切迷妄而成佛，空就是大涅槃。以空为佛性、大涅槃，我想，这是真谛的时代，分别部适应大乘学而作的说明吧！佛法原本是依现实的身心世间，修道断惑而得涅槃的。现在说空为一切所依，那是通过涅槃空义，再从涅槃常寂来说明一切的（或称为

---

① 拙作《说一切有部为主的论书与论师之研究》（五九八——五九九，本版五〇六——五〇七）。

② 《四谛论》卷三（大正三二·三八九下）。

"却来门")。

二、如《大智度论》卷一(大正二五·六一上——中)说:

> "佛法中方广道人言:一切法不生不灭,空无所有,譬如兔角、龟毛常无。"

《小部》的《论事》中,有方广部,也名说大空的部执。虽然所说的问题与《智度论》不同,然方广部与方广道人,一切法空无所有与说大空,显然是同一的。方广部以为:僧伽四双八辈,约胜义僧说,胜义僧是无漏道果。所以僧伽是不受供施的,供物是无所净的,不受用饮食的,施僧也就不得大果[①]。佛住兜率天宫,人世间佛是示现的(化身)。所以施佛不得大果;佛不住此世间,佛不说法[②]。《论事》所说的方广部执,胜义僧与佛,都是超越现实人间世的。凡重于超越的,每不免轻忽了现实,方广道人说一切法空无所有,如龟毛、兔角一样,不正是同一意境的表现吗?

三、如《入中论》卷二(汉藏教理院刊本三一)说:

> "若世间导师,不顺世间转,佛及佛法性,谁亦不能知。
> 虽许蕴处界,同属一体性,然说有三界,是顺世间转。
> 无名诸法性,以不思议名,为诸有情说,是顺世间转。
> 由入佛本性,无事此亦无,然佛说无事,是顺世间转。
> 不见义无义,然说法中尊,说灭及胜义,是顺世间转。
> 不灭亦不生,与法界平等,然说有烧劫,是顺世间转。
> 虽于三世中,不得有情性,然说有情界,是顺世间转"。

---

① 《论事》(南传五八·三二四——三三一)。
② 《论事》(南传五八·三三二——三三三、三三七——三四一)。

这是东山住部的《随顺颂》。东山住部是大众部系中安达派的一派。所说"蕴处界同一体性","无名诸法性","不灭不生",在如来如实证——佛本性中,一切是同一的离言法性,没有如世俗所见的我与法、有与无,连佛、灭、胜义,这也都是无可说的。佛为众生说有这有那,不过"顺世间转",随顺世间方便罢了。从如来自证的同一离言法性说,法性是超越于世间名言的。颂文虽没有说"空",然与大乘法空性说是非常一致的。

四、《三论玄义检幽集》卷五(大正七〇·四五九中——下)说:

> "一说部者,真谛云:此部执世出世法悉是假名,故言一切法无有实体,同是一名,名即是说,故言一说部。"

这是梁真谛传来的解说。一说部说"世出世法悉是假名",世间法是苦谛与集谛,出世间法是灭谛与道谛,四谛都是假名了。假名,一般是施设的异译。"同是一名",正是"唯名"的意思。一说部的教义,我们所知有限,但这是大论师所传来的。窥基的《异部宗轮论述记》也这样说,贤首所判十宗的"诸法但名宗"也指一说部。一说部的思想,如是真谛所说那样的"但名无实",那与"原始般若"的思想相合。

上来所引的四则:说分别部、方广部、东山住部、一说部,凡与法空说相近的,都是大众部系统的学派,这是不能不重视的历史事实。上座部系中见灭得道的学派,如法藏——达摩毱多部:"以无相三摩地,于涅槃起寂静作意,入正性离生。"①赤铜鍱部

---

① 《阿毗达磨大毗婆沙论》卷一八五(大正二七·九二七下)。

说"智见清净",也就是圣道现前,是无相、不起、离、灭,以"涅槃所缘"而入的①。这样的见灭得道,灭谛可说是涅槃空寂,然对于苦、集、道——三谛,没有说是空的。所以,法空说是渊源于大众学系而发扬起来。当然,上座部系的论究法义,也有多方面启发性的。大众部系的特色,是佛与声闻果的距离越来越远了。从"佛身无漏"开始,佛与菩萨的圣德发展到如《异部宗轮论》介绍那样。重视佛德(佛法性,佛自住涅槃),也就有了超越世间及声闻四谛的倾向,于是乎"一切法但名无实"、但是"顺世间转"、"一切法不生不灭,如龟毛兔角常无"等,从不同方面流传出来了。

再引一论一经,以证明法空说与大众部的关系。

一、《成实论》:《论》是诃梨跋摩所造的,为西元三、四世间的论师。论师出身于说一切有部,而不满说一切有部,是一位从说一切有部脱出的早期的譬喻者,思想与鸠摩罗陀相近②。《出三藏记集》卷一一《诃梨跋摩传》(大正五五·七九上)说:

> "时有僧祇部僧,住巴连弗邑,并遵奉大乘,云是五部
> 之本。久闻跋摩才超群彦,为众师所忌,相与慨然,要以同
> 止。遂得研心方等,锐意九部,采访微言,搜简幽旨。"

僧祇部,是大众部。大众部的僧众,是不拒斥大乘的。诃梨跋摩与大众部的僧众共住,也就接触了大乘方等经,因而思想上有了

---

① 《清净道论》(南传六四·四三一)。
② 拙作《说一切有部为主的论书与论师之研究》(五七三——五七五,五七九——五八〇,本版四八五——四八七,四九〇——四九二)。

突破，超过了有部、经部，一切上座学系的传承。《成实论》是见灭得道的，分为三个层次：先以法有灭假名心；次观涅槃空而灭法心；末后是空心也灭了，才是证入灭谛。灭谛非实有的见解，仍与经部说相同。但《成实论》以为：观涅槃空而"不见五阴，但见阴灭"，名"见五阴空"①。见灭而一切法不起，解说为法空，与法藏部、赤铜鍱部等"见灭得道"的解说不同，这就是受了大众部系的影响。《成实论》引经以明法空的，还是《阿含经》文；全《论》以四谛开章，不失声闻学派的立场。

二、《增一阿含经》：汉译本是苻秦昙摩难提所译的。经初有"序"，可知是大众部的诵本。有些与大众部本义不合，而内容已接触到大乘，所以推定为属于大众部末派的诵本②。集成的时代稍迟，所以引经来证明空义，上面很少引用它。但大众部末派，到底可以代表声闻部派的一流。须菩提见佛的故事，传说为《义足（品）经》的事缘之一。《增一阿含经》（三六）《听法品》（大正二·七〇七下——七〇八上）说：

"若欲礼佛者，过去及当来，现在及诸佛，当计于无我。"（无常、空，例此）

"善业以先礼，最初无过者。空无解脱门，此是礼佛义。若欲礼佛者，当来及过去，当观空无法，此名礼佛义。"

善业，是须菩提的意译。礼佛见佛，应观三世佛的无我、无常、空，观一切法空无所有。佛之所以为佛，是由于证得法性空

① 《成实论》卷一二（大正三二·三三二下）。
② 拙作《原始佛教圣典之集成》第十章第三节第一项。

寂,也就是佛的法身,所以应这样的礼佛见佛。《智度论》说"须菩提观诸法空,是为见佛法身"①,与《增一阿含经》意相符。经上说:"法法自生,法法自灭;法法相动,法法自息。……法法相乱,法法自息;法能生法,法能灭法。……一切所有,皆归于空。"②因果生灭,可从二方面说。一方面,一切法是相动相乱的,没有他法的缘力,自己是不会生灭动乱的。从另一方面说,法法各住自位,不能互相动乱的。一切法相互依存,又各住自位,从这缘起生灭中,"一切所有皆归于空",这是很深彻的观察。《增一阿含经》(三〇)《须陀品》(大正二·六五九中)说:

> "有字者是生死结,无字者是涅槃也。……有字者有生有死,有终有始;无字者无生无死,无终无始。"

名字是生死法、始终法,就是世间法。超越名字的,是无对的涅槃。这是从涅槃空而世间但有假名的说法。经中表示法空的,到处可见。

从这一论一经的引述,足以证明与大众部系有关的,都表示出我(与)法皆空的思想。

---

① 《大智度论》卷一一(大正二五·一三七上)。
② 《增一阿含经》(一三)《利养品》(大正二·五七五下)。

第三章 《般若经》
——甚深之一切法空

一 《般若经》之译出

"佛法"演化到"大乘佛法"时代,空与空性成为非常重要,可说是大乘佛法的核心。大乘法门,是以发菩提心、修菩萨行、圆成无上佛果为主题的。然在因行——发心与修行中,是不离空观与空慧的;果证——菩提与涅槃,也是不离空性的圆满证得。所以"空"的意义,在经、论的解说中也许不一致,而"空"确是遍于一切经的,特别是初期大乘经。

说到大乘空义,很自然地想到了《般若经》与龙树论。《般若经》与龙树论,公认为着重于空义的阐扬,以一切法空为究竟的。在根本大义上,《般若经》与龙树的《中论》等当然是一致的;但在方法上,我以为:"龙树菩萨本着大乘深邃广博的理论,从缘起性空的正见中,掘发《阿含经》的真义。……《中论》是《阿含经》的通论。""《中论》确是以大乘学者的立场,确认缘起、空、中道为佛教的根本深义。……掘发《阿含经》的缘起深义,将佛法的正见,确树于缘起中道的磐石。"①这样,《般若经》与龙树论,要分别来叙述。

《般若经》的部类非常多,依古代的记载,知道有二部、三部、四部、八部、十六会等不同传说。时代越迟,《般若经》的部类越多,这表明了《般若经》的众多部类,是在发展中先后次第集成的。龙树的《大智度论》说:"般若波罗蜜部党,经卷有多有少,有上中下——光赞、放光、道行。"②龙树知道《般若经》有三部:"上本"是十万颂本,"中本"与"下本"就是一般所说的"大品"与"小品"。三部中的"下本般若",中国古称之为"小品",汉文译出而现存的,共有七部:一、《道行般若(波罗蜜)经》,后汉文娄迦谶译,一〇卷。二、《大明度经》,吴支谦译,六卷。三、《摩诃般若波罗蜜钞经》,传说为前秦昙摩蜱共竺佛念译,其实是西晋竺法护译的,现存五卷,部分已经佚失了。四、《小品般若波罗蜜经》,后秦鸠摩罗什译,一〇卷。五、《大般若波罗蜜多经》第四分(五三八卷起,五五五卷止),一八卷;六、《大般若波罗蜜多经》第五分(五五六卷起,五六五卷止),一〇卷:这二分,都是唐玄奘所译的。七、《佛说佛母出生三法藏般若波罗蜜多经》,赵宋施护译,二五卷。"中本般若",古代称之为"大品",汉文译出而现存的,共五部:一、《光赞般若波罗蜜经》,西晋竺法护译,现存的已有佚失,仅存一〇卷。二、《放光般若波罗蜜经》,西晋无罗叉译,二〇卷。三、《摩诃般若波罗蜜经》,姚秦鸠摩罗什译,三〇卷。四、《大般若波罗蜜多经》第二分(四〇一卷

---

① 拙作《中观今论》(一八,二四,本版一三——一四、一七)。
② 《大智度论》卷六七(大正二五·五二九中)。

起,四七八卷止),七八卷;五、《大般若波罗蜜多经》第三分(四七九卷起,五三七卷止),五九卷:这二分,也是唐玄奘所译的。"上本般若",即唐玄奘所译《大般若波罗蜜多经》的初分(一卷起,四〇〇卷止),共四〇〇卷。以上各部,与龙树所见的三部《般若经》相当①。

　　龙树所见的上、中、下——三部《般若经》,为初期大乘所传出,代表般若法门的主要经典。三部是先后集出的,内容与文句都不断扩充而一天天广大起来。先后集出的次第是:先有"原始般若",经"下本般若"、"中本般若",而后成立"上本般若"。《般若经》的原始部分,如《道行般若经》的《道行品》,佛命须菩提为菩萨说应该修学成就的般若波罗蜜。须菩提说般若,容易引起疑问的,由舍利弗发问,须菩提解答。这部分的成立最早,在西元前五〇年应该已经成立了。般若本是甚深的法门,可说是趣入不退转菩萨的法门,但为了法门的弘扬,弘传者以听闻、读、(背)诵、书写(经文)、(以经典)施他、讲说来劝人修学;更说般若法门的世俗——现生与死后的利益,信仰的功德与毁谤的过失,这才成为甚深而又通俗的法门。经过长期的弘传,以"原始般若"部分为初品,集成了"下本般若"②。以"下本般若"为核心,而更扩大编集的,是"中本般若"。依《摩诃般若波罗蜜经》来说,全经九十品,可以分为三分:

――――――――――

　　① 以上可参阅拙作《初期大乘佛教之起源与开展》(五九五——六〇六,本版五〇九——五一九)。

　　② 以《小品般若波罗蜜经》为例,原本以《见阿閦佛国品》为止。此下"随知品"等,是后来增附的,参阅拙作《初期大乘佛教之起源与开展》第十章第三节第三项。

前分——《序品》第一…………《舌相品》第六

中分——《三假品》第七…………《累教品》第六六

后分——《无尽品》第六七………《嘱累品》第九〇

　　"中本般若"的"前分",是"下本般若"所没有的。《序品》以下,是佛为舍利弗说般若波罗蜜。《舌相品》是"中分"的序起,也可说是"前分"的得益(结束)。"中分",或是内容的增广,或是经义解说的增广,或是法数的增广,而大概地说,是与"下本般若"相当,可以相互比对的。"后分",依"下本般若"的《见阿閦佛国品》末后部分,《无尽品》以外,更广说为《六度相摄品》、《方便品》、《三慧品》。《道树品》以下,是"下本般若"所没有的①。"后分"是"方便道"——得不退转以后的菩萨大行,如六波罗蜜,四摄,报得神通,庄严净土,成就众生,佛果功德。末后三品——《常啼品》、《法尚品》、《嘱累品》,举萨陀波崙菩萨的求法故事,作为劝发求学般若的范例。这部分,其后也被编入"下本般若"。"上本般若",即传说的十万颂本。论内容,与"中本般若"相同;论文句,增多了四五倍。这主要是每一法的反复叙述,一一问答,都不厌其繁地说明。适应印度某些人的特殊爱好,在好简易的中国人看来,未免太冗长了!

　　印度的经论梵本,在流传中是多有变化的,《般若经》也不能例外。如"实有菩萨"、"五种所知海岸"、"常乐我净真实功德",本来是"上本般若"(时代迟些)的,但在玄奘所译"中本般若"(《大般若波罗蜜多经》第二分、第三分)中,也都有了②,这

① 参阅拙作《初期大乘佛教之起源与开展》第九章第二节第五、六项。
② 参阅拙作《初期大乘佛教之起源与开展》第十章第一节第一项。

才与中国早期的译本不合。从后汉到姚秦——西元二世纪末到五世纪初,传入中国的《般若经》都是属于早期的。现存的《般若经》梵本,是西元六、七世纪以后的写本,与汉译本可能有些出入,但不能完全依现存的梵本为依准。论到汉译《般若经》的文字,当然玄奘的译本明白,但不能忽视的,是玄奘译出的时代(西元六六〇——六六三)迟了些。特别是,玄奘是继承无著、世亲一系的"有宗",是依《解深密经》对《般若经》作再解说的学派,对空义有了不同的解说。如罗什所译为"无所有"或"无所有性"的,玄奘每译为"无性为自性"。例如:

    1."若一切法皆以无性而为自性,如是无性,非诸佛作……无性之法,定无作用。……然一切法皆以无性而为自性,无性法中实无异法,无业无果亦无作用,无性之法常无性故。"

    2."诸法性无所有,非佛所作……无性法中,无有业用。……无性法无业无果报,无性常是无性。"

    3.诸法所有无所有,非佛所作……无所有法者,亦无作,亦无行。"①

1.是玄奘译本,2.3.是罗什与无罗叉译本,内容可说是相同的,而玄奘所译,在短短的文段里却多出了两句,"一切法皆以无性而为自性",这与有宗学者的意解有关(可能原本已有此增

---

① 1.《大般若波罗蜜多经》卷四七八(大正七·四二〇上——中)。2.《摩诃般若波罗蜜经》卷二六(大正八·四一二中——下)。3.《放光般若波罗蜜经》卷一九(大正八·一三九上)。

饰)。本文在说明初期的般若空义,所以参考玄奘的译本,而以罗什等早期译本为依。

二　法空性是涅槃异名

"佛法"是面对生死流转的现实,经修持而达涅槃理想的实现。"大乘佛法"还是面对这一现实,要解脱生死而又长在生死中度脱众生,达到究竟涅槃。这被称为菩萨道的,修持心要是般若波罗蜜多。般若——慧,本为"佛法"达成解脱的根本法门,但要解脱而不舍生死,不著生死而不急求证入涅槃,大乘的般若波罗蜜多就与"佛法"有点不同了。如《般若经》所说的"一切法空",就充分表示了这一特色。那么,《般若经》所说的"一切法空",到底表示了什么内容呢? 上文一再说到:《阿含经》与部派佛教(上座系),对于"空"的意义,诸行空是"常空,恒空,不变易法空,我我所空",空是无我、无我所的意思。涅槃空是"一切诸行空寂,不可得,爱尽,离欲,(灭),涅槃"。依此佛教的早期定义,空在《般若经》中的意义也就可以明白。《般若经》说:

一、"甚深相者,即是空义,即是无相、无作[愿]、无起、无生、无灭、无所有、无染、寂灭、远离、涅槃义。……希有世尊! 以微妙方便,障色(等法)示涅槃。"

"我不说一切法空耶? 世尊! 说耳。须菩提! 若空即是无尽,若空即是无量。……如来所说无尽、无量、空、无相、无作、无起、无生、无灭、无所有、无染、涅槃,但以名字方便故说。……一切法皆不可说。须菩提! 一切法空相[性]不可得说。"

二、"深奥处者,空是其义,无相、无作、无起、无生、(无灭)、无染、寂灭、离、如、法性[界]、实际、涅槃。须菩提! 如是等法,是为深奥义。……希有世尊! 微妙方便力故,令阿惟越致菩萨摩诃萨,离色(等一切法)处涅槃。"

"我不常说一切法空耶? 须菩提言:世尊! 佛说一切法空。世尊! 诸法空即是不可尽、无有数、无量、无边。……佛以方便力故,分别说,所谓不可尽、无数、无量、无边、无著、空、无相、无作、无起、无生、无灭、无染、涅槃,佛种种因缘以方便力说。……一切法不可说,一切法不可说相即是空,是空不可说。"

三、"甚深义处,谓空、无相、无愿、无[造]作、无生、无灭、寂静、涅槃、真如、法界、法性、实际,如是等名甚深义处。善现当知! 如是所说甚深义处种种增语,皆显涅槃为甚深义。……如来甚奇! 微妙方便,为不退转地菩萨摩诃萨,遮遣诸色(等一切法)显示涅槃。"

"我先岂不说一切法皆自性('自性'二字,唐译增)空? ……善现! 一切法空皆不可说,如来方便说为无尽,或说无数,或说无量,或说无边,或说为空,或说无相,或说无愿,或说无作,或说无生,或说无灭,或说离染,或说寂灭,或说涅槃,或说真如,或说实际,如是等义,皆是如来方便演说。……一切法性皆不可说。何以故? 一切法性皆毕竟空,无能宣说毕竟空者。"①

上列三则经文,一是罗什译的《小品般若波罗蜜经》,是"下本"。二是罗什所译的《摩诃般若波罗蜜经》,三是玄奘所译《大般若经》的第二分,这两部都是"中本"。三则经文的意义大致相同,都分为二段。第一段,经的上文,说阿惟越致——不退转菩萨,然后说甚深义,空、无相等。这种种名字,都是涅槃的异名,这是以甚深涅槃为主题的。所以说:为不退菩萨,遮遣(或译"障"、"离"、"除")色等一切法而显示涅槃。这样,空与无相等相同,都是涅槃的异名之一。这是依涅槃而说空的。这种种异名,可分为三类:一、无生、无灭、无染、寂灭、离、涅槃:《阿含经》以来,就是表示涅槃(果)的。二、空、无相、无愿,是三解脱门。"出世空性"与"无相界",《阿含经》已用来表示涅槃。三解脱是行门,依此而得(解脱)涅槃,也就依此来表示涅槃。三、真如、法界、法性、实际:实际是大乘特有的,真如等在《阿含经》中是表示缘起与四谛理的。到"中本般若",真如等作为般若体悟的甚深义。这三类——果、行、理境,所有的种种名字,都是表示甚深涅槃的。第二段接着说:如菩萨思惟修习,不离甚深般若,得无量无数功德。什么是无量、无数? 是超越数量的空义。所以说"我不常说一切法空耶"。法空相[性],如来说为空、无相、寂灭、涅槃、真如、实际等。一切法性是不可说的,"一切法不可说相即是空,是空不可说"。空性也是不可说的,说为涅

────────────

① 一、《小品般若波罗蜜经》卷七(大正八・五六六上、下)。二、《摩诃般若波罗蜜经》卷一七(大正八・三四四上、三四五中——下)。三、《大般若波罗蜜多经》(第二分)卷四四九(大正七・二六九上——下);卷四五〇(大正七・二七一下)。

槃、真如等，都不过是如来的方便假说而已。这段文中，空与涅
槃，都是其中的一名，而归于一切法空，这是以一切法空性为主
题的。

依教说，涅槃是三乘共通的，法空性是大乘不共的。如约理
说，涅槃与一切法空性是相同的，如上引经说外，《大方广佛华
严经》卷二六（《十地品》）（大正九·五六四中——下）说：

> "菩萨得无生法忍，入第八地，入不动地。……住不动
> 地，一切心意识不现在前，乃至佛心、菩提心、涅槃心尚不现
> 前，何况当生诸世间心！佛子！是菩萨随顺是地，以本愿力
> 故；又诸佛为现其身，……皆作是言：善哉！善哉！善男
> 子！……一切法性，一切法相，有佛无佛常住不异，一切如
> 来不以得此法故说名为佛，声闻、辟支佛亦得此寂灭无分别
> 法。……若诸佛不与菩萨起智慧门者，是菩萨毕竟取于
> 涅槃。"

八地菩萨就是不退转地菩萨。八地得无生法忍，悟入寂灭
无分别法，这是二乘也能得到的。如菩萨的本愿力不足，没有诸
佛的劝发，那是要证入涅槃，退落而与二乘一样的。经佛的劝
发，菩萨这才（从般若起方便，）起如幻三昧，作利益众生的大
业，庄严功德圆满而成佛。《小品般若波罗蜜经》卷七（大正
八·五六八下——五六九上）说：

> "菩萨行般若波罗蜜，应观色空，应观受、想、行、识（等
> 一切法）空。应以不散（乱）心观法，无所见亦无所
> 证。……菩萨具足观空，本已生心（即本愿）但观空而不证

空：我当学空，今是学时，非是证时，不深摄心系于缘中。……菩萨缘一切众生，系心慈三昧，……过声闻、辟支佛地，住空三昧而不尽漏。须菩提！尔时菩萨行空（无相、无愿）解脱门，而不证无相，亦不堕有相。"

《般若经》义与《十地品》说是一致的。"今是学时，非是证时"，如以为所作已办，大事已了，那就要证实际、尽诸漏而成为二乘入涅槃的。观空而不证空，除了般若外，主要是本愿与慈悲力。《般若经》集出要早些，还没有说到佛力的加持劝发。总之，《般若经》的空性，就是《十地品》的"寂灭无分别法"，如证入，就是涅槃。这说明了，《般若经》的法空性是依佛说的甚深涅槃而说的①。

三　大乘《般若》与《阿含经》

释迦佛说法，从现实的身心说起，指出生死不已的症结所在，呵斥生死，呵斥烦恼，从圣道去实现理想的涅槃。涅槃，佛没有说是这样的、那样的，因为涅槃是无量、无数，不能说是有是无的。佛只是从烦恼的不再生起，苦蕴（身心）的不再生起，以"遮"的方法来表示，如灯（火）灭一样。这样，说生死是有为，那涅槃就是无为。有为法有生住灭（无常），无为法是不生不住不灭（常）。对于生死有为与涅槃无为，一般是看作对立的别体

①　般若，与涅槃有关的经文不少，参阅拙作《初期大乘佛教之起源与开展》（六五六——六五七，本版五六二——五六四）。"中本"、"上本"与此相当的文句，可检阅之。

法。即使说涅槃空与无为空,也不许说是有为空那样的。这是后世的声闻弟子们,为了说明佛法,出发于相对(二)的立场,终于忽略了涅槃的超越绝对性。

《般若经》的甚深义,是空性,也就是涅槃。涅槃的体证,是没有时、空,没有数、量,也没有能、所——主观与客观的对立。浑然的无二无别(也不会觉得是一体)的现观,是一切不可说、不可得的。《般若》等大乘经,就是从这无二无别的甚深体验中,来观一切法,一切法不出于此,于是"一切法本空","一切法本不生灭","一切法甚深","一切法不可得","一切法本清净","一切法本自寂灭","一切法皆如也","一切法不出于法界",这一类文句,就这样地弘传出来。玄奘译的《大般若经》说"以真法性为定量故"①,这是以法性(真如、空性的异名)的现观为理解与修证的准量。如"中本般若"的四十二字(母)门,以阿(喉音)为首;一切语音,都以阿为根本,依阿而申展出来的。以此为修行法门,也就是从阿——不、非、无、离来观一切法。罗阇(rajas)是垢义,罗(ra)字就是"一切法离垢故"。到末一字荼(dha)是必义,荼就是"诸法边竟处故,不终不生"②。从阿字为本来观一切,一切都是不、无、非、离了。初期大乘经虽有多方面的独到开展,而本于一切法性不可得——空性的立场,与《般若经》是一致的。这一立场,与《阿含经》以来的传统佛法,从现实身心(五蕴、六处等)出发,指导知、断、证、修以达理想——涅槃的实现,方法是截然不同的。如《佛说文殊师利净律经》(大正

① 《大般若波罗蜜多经》(第五分)卷五五六(大正七・八六六下)。
② 《摩诃般若波罗蜜经》卷六(大正八・二五六上——中)。

一四·四四八下)说:

> "问:其佛说法,何所兴为? 何所灭除? 答曰:其本净
> 者,以无起灭,不以生尽[灭]。所以者何? 彼土众生,了真
> 谛义以为元首,不以缘合为第一也。"

文殊师利是从东方宝英佛土来的。文殊说:彼土的佛法,是
以真谛无生灭法为首的;不如此土的佛法,以缘合(因缘和合生
或缘起)为第一,出发于因缘生灭,呵责烦恼等教说。文殊所说
的彼土佛法,代表了印度(东南)新起的大乘;此土以缘合为第
一,当然是固有的释迦佛以来的传统佛法。这两大不同类型的
佛法,在方法上是对立的。如《阿含经》从生灭无常下手:"无常
故苦,苦故无我"——空。甚至说:"若人寿百岁,不观生灭法,
不如一日中,而解生灭法。"①如实知生灭无常的重要性,可想而
知! 但《般若经》严厉地批评了无常的观慧,如《小品般若波罗
蜜经》卷三(大正八·五四六下)说:

> "当来世有比丘,欲说般若波罗蜜而说相似般若波罗
> 蜜。……诸比丘说言:色是无常,……受、想、行、识是无常,
> 若如是求,是为行般若波罗蜜。憍尸迦! 是名说相似般若
> 波罗蜜。"

以生灭无常观为相似般若,不生灭(不坏)观为真般若,虽
可说对某些部派说,但在文字上,显然是不满传统的《阿含经》。
《阿含》与《般若》等大乘经的对立,应该说是佛法的不幸!

---

① 《法集要颂经》卷三(大正四·七八九上)。

《般若》等大乘经,发菩提心、修菩萨行、圆满佛果而外,甚深义——一切法空、法法皆如的阐扬,都是涅槃别名,这应该是依《阿含》思想引发而来,怎么会到达这样的对立呢?传统者指新兴的大乘为非佛说,大乘者称《阿含》等为小乘,尖锐的对立,能不说是佛法的可悲现象吗!从不拘宗派的超然立场来说,传统佛教——部派佛教与大乘行人,都有些偏颇了!《阿含经》的中心思想是缘起,缘起是"此有故彼有,此生故彼生,……纯大苦聚集。此无故彼无,此灭故彼灭,……纯大苦聚灭"。依缘起的相依性——依之而有,说明生死的集,有为法;也依缘起的相依性——依之而无,说明生死的灭,无为法。有为与无为,依同一原则而阐明。但传统佛教界,似乎少有能完满地把握缘起,不是以缘起为生灭边事(有为的),就推想为不变的理性(无为的)。还有,慧解脱本是一切阿罗汉的通称,所以论佛与阿罗汉的差别,就举慧解脱为一切阿罗汉的代表①。依空、无所有、无相而得心解脱,不正就是阿罗汉的心解脱吗②。但阿罗汉中,有不得深定的,有得深定的,这才方便地分为慧解脱与(心慧)俱解脱的二类。我要这么说,因为要解说一项事实。《杂阿含经》中,长老比丘们告诉须深比丘,他们是阿罗汉,但不得四禅(《相应部》说不得五通)及无色定。须深觉得难以信解,佛告诉他说:"彼先知法住,后知涅槃";"不问汝知不知,且自先知法住,

---

① 《杂阿含经》卷三(大正二·一九中——下)。《相应部》(二二)"蕴相应"(南传一四·一〇二——一〇三)。又《杂阿含经》卷二六(大正二·一八六中——下)。

② 《杂阿含经》卷二一(大正二·一四九下——一五〇上)。《相应部》(四一)"质多相应"(南传一五·四五二——四五三)。

后知涅槃"①。这是说，阿罗汉有先后层次，也可说有二类。一、
法住智知：缘起被称为法性、法住，所以法住智是从因果起灭的
必然性中，于五蕴等如实知、厌、离欲、灭，而得解脱智："我生已
尽，梵行已立，所作已办，不受后有。"虽然没有禅定，但烦恼已
尽，生死已了。这是以慧得解脱，知一切法寂灭，而没有涅槃的
自证。二、涅槃智知：生前就能现证涅槃的绝对超越（即大乘的
证入空性，绝诸戏论；也类似一般所说的神秘经验），名为得现
法涅槃；在古代，被称为得灭尽定的俱解脱（不过灭尽定，论师
的异解纷纭）。这可能是二类阿罗汉，也可能是先后契入的层
次。众生的根性不一，还有一类人，不是信仰、希欲、听闻、觉想，
也不是"见审谛忍"，却有"有灭涅槃"的知见，但不是阿罗汉。
如从井中望下去，如实知见水，但还不能尝到水一样②。部派佛
教中，主要是上座部系，重于四谛的知见，少有得现法涅槃的。
在教义上，虽有种种阿罗汉，灭尽定等，而缺乏超越的体验，所以
这一系的教义被讥为"唯见浮繁妨情，支离害志，纷纭名相，竟
无妙异"了③。

　　大乘佛法的兴起，决定是与大众部系有关的。如上一章说
到：方广部——说大空派，以为胜义僧与佛都是超越现实人间世
的。这就是《大智度论》所说的方广道人，说"一切法不生不
灭"。东山住部的《随顺颂》，以为法性不二，佛所说的，都"是随

　　① 《杂阿含经》卷一四（大正二·九七上——中）。《相应部》（一二）"因缘相
应"（南传一三·一八〇）。
　　② 《杂阿含经》卷一四（大正二·九八下）。《相应部》（一二）"因缘相应"（南
传一三·一七〇——一七一）。
　　③ 《出三藏记集》卷一一（大正五五·七八下）。

顺世间转"。分别部说凡圣一切都"以空为本"。一说部说"世出世法悉是假名"。甚深义——法性不二,从大众部学派中开展出来。此外,《论事》说到:安达罗派以为:释迦菩萨在迦叶佛时,入于决定①。东山住部等也说:成佛以前的菩萨,已经得法现观,入正性决定②。正性决定,就是正性离生。入正性离生,是体悟正法而成为圣者。这样,菩萨有二阶位:一、凡夫,二、得正性决定的圣者。菩萨的分为二阶,与大乘所说的菩萨是一致的。大众部系中,法性不二思想的开展,"本生"又广泛地流传;菩萨道受到佛弟子的赞仰,有圣位菩萨的安立。如有人发心修学,求成佛道,依佛法说,这是可能而值得赞叹的。在佛教界,慧解脱圣者是没有涅槃智的;俱解脱者有涅槃智,是入灭尽定而决定趣涅槃的。惟有另一类人(绝少数),正知见"有灭涅槃"而不证得阿罗汉的,不入灭尽定而有甚深涅槃知见的,正是初期大乘观一切法空而不证实际的菩萨模样。大乘法中,菩萨观空而不证实际,当然是由于智慧深、悲愿切(还有佛力加持),而最原始的见解,还有"不深摄心系于缘中"③;不深入禅定,因为入深定是要堕二乘、证实际的。所以《观弥勒菩萨上生兜率陀天经》说:弥勒"虽复出家,不修禅定,不断烦恼"④。被称为菩萨的持经譬喻师法救也说:"菩萨虽伏我见,不怖边际灭,不起深坑想,而欲广修般罗若故,于灭尽定心不乐人,勿令般若有断有碍。"⑤

---

① 《论事》(南传五七・三六七)。
② 《论事》(南传五八・二二五)。
③ 《小品般若波罗蜜经》卷七(大正八・五六八下)。
④ 《佛说观弥勒菩萨上生兜率陀天经》"(大正一四・四一八下)。
⑤ 《阿毗达磨大毗婆沙论》卷一五三(大正二七・七八〇上)。

正见甚深法的菩萨,从这样的情况下出现。悲愿力所持,自知
"此是学时,非是证时"。所以不尽烦恼,不作究竟想,不取涅
槃,成为观空而不证空的菩萨。最深彻的,名为无生法忍。阿毗
达磨中,忍是无间道;称为忍,表示是知而不是证入的意思。

　　甚深(空)义,慧解脱圣者没有涅槃智的超越体验,当然不
会说;俱解脱圣者有现法涅槃,但好入深定或长期在定中,当然
也不会去阐扬。惟有有涅槃知见而不证的,在崇尚菩萨道的气
运中,求成佛道,利益众生,才会充分地发扬起来(也有适应世
间的成分)。起初,如《小品般若波罗蜜经》说:"是深般若波罗
蜜,应于(能得)阿毗跋致菩萨前说,是人闻是,不疑不悔。"①不
退转菩萨是少之又少的,所以说:"无量无边阿僧祇众生发阿耨
多罗三藐三菩提心,于中若一若二住阿毗跋致[不退转]地。"②这
当然是甚深义法门,还不是普遍传弘的。也许大乘法门传开了,
来学的人也渐渐多了,于是久行菩萨也能够信解了,所以说:
"能信解深般若波罗蜜,当知是菩萨如阿毗跋致。何以故?世
尊!若人于过去世不久行深般若波罗蜜,则不能信解。"③进一
步,"新发意"(应译"新学")菩萨也有信解可能了,如说:"若新发
意菩萨随恶知识,则惊怖退没;若随善知识,闻是说者,则不惊怖
没退。"④再进一步,一切法空的般若深义,什么人都能契入,如
"中本般若"说:"是(法)门,利根菩萨摩诃萨所入。佛言:钝根

　　① 《小品般若波罗蜜经》卷四(大正八·五五四上)。
　　② 《小品般若波罗蜜经》卷二(大正八·五四二下)。
　　③ 《小品般若波罗蜜经》卷四(大正八·五五三下)。
　　④ 《小品般若波罗蜜经》卷一(大正八·五三八下)。

菩萨亦可入。是门,中根菩萨、散心菩萨,亦可入是门。是门无碍,若菩萨摩诃萨一心学者,皆入是门。"①般若甚深法门,三根普被,人人可学可入,这就是直从法性平等,法法皆空、皆如去深入的法门。

四 空之发展与类集

《般若经》以超越名、相、分别的涅槃,也就是释迦如来的自证为根本立场。依此来观一切法,有为与无为不二,生死与涅槃不二,一切是无二无别,"绝诸戏论"。以此来化导,就不如释尊那样的教化,不从无常、苦入手,而直从空、无相、无愿等入门,这是"大乘佛法"——《般若经》的特色。表示这一内容的,如上文引述,有空、无相、无愿、不起、不生、无所有、远离、寂静、如、法界、实际等种种异名,而《般若经》所独到发扬的,是空——一切法空。本来,《般若经》不是非说"空"不可的,如《金刚般若波罗蜜经》,全经但说"无相",竟没有一个"空"字。被推定为"原始般若"的《道行般若经》的《道行品》,也没有说到"空",只说"离"、"无所有"、"无生"、"无性"、"不可得"等。

"下本般若"说到了"空",起初说"以空法住般若波罗蜜"。什么是"安住空法"?经上说:不住一切法;不住一切法的常与无常,乐与苦,净与不净,我与无我,空与不空②("中本般若"更不住寂灭与不寂灭,远离与不远离)。还有,须菩提说:甚深法

---

① 《摩诃般若波罗蜜经》卷二一(大正八·三七二上)。
② 《小品般若波罗蜜经》卷一(大正八·五四〇中)。

是随顺一切法的;是(甚深)法无障碍处,是法无生,是法无处[足迹]。诸天子听了,赞叹说:"长老须菩提为随佛生,有所说法,皆为空故。"①"皆为空故",玄奘译为"一切皆与空相应故"。这可见经文所说的无障碍处、无生、无处,都与空相应,可说都是空义。还有,释提桓因说:"须菩提! 如(汝)所说者,皆因于空。"②"皆因于空",是说须菩提安住空法,本着空的体悟而说法,所以一切(境)法,所行法,所得(果)法,得法者,都无所得。依据这几则经文及上所引法空性的种种异名,可知"下本般若"所说的,是在般若的实践中明甚深空性。甚深空性,经听闻、思惟、观察,而到达无生法忍的彻悟。

到了"中本般若",有了进一步的发展,将种种空类集起来。"中本般若"是应该分为三分的,一、"前分"。经上说:"菩萨摩诃萨行般若波罗蜜相应,所谓空、无相、无作。"虽并举三解脱门,却更重视"空",所以说:"是空相应,名为第一相应。""于诸相应中为最第一相应,所谓空相应。"③《摩诃般若波罗蜜经》卷一(大正八·二二二下——二二三上)说:

> "菩萨摩诃萨行般若波罗蜜,习应七空,所谓性空、自相空、诸法空、无所得空、无法空、有法空、无法有法空。"

"七空",是"中本般若"所共说的,但《放光般若波罗蜜经》、《大般若波罗蜜多经》第二分、第三分,都没有列举七空的

---

① 《小品般若波罗蜜经》卷六(大正八·五六二中)。
② 《小品般若波罗蜜经》卷九(大正八·五七七上——中)。
③ 《摩诃般若波罗蜜经》卷一(大正八·二二四上——下、二二五上)。

名目。《光赞般若波罗蜜经》列举了七空的名目："内空、外空、有空、无空、近空、远空、真空（即胜义空）"①，又与《摩诃般若波罗蜜经》所说的不同。《放光》等没有列举名目，而列出名目的又彼此不同，那"七空"到底是哪七种空呢？依经文来观察，"七空"是总结上文的，如《放光般若经》说："何谓七？上七事是也。"②上文说习应空，是别观五蕴空、十二处空、十八界空、四谛空、十二缘起空、一切法（若有为、若无为）空、本性空。这就是"前分"所说的七空吧！

"中本般若"的"后分"，有十四种空的类集，如《大般若波罗蜜多经》（第三分）卷五二三（大正七·六八二中）说：

> "菩萨摩诃萨安住般若波罗蜜多，观内空内空性不可得，观外空外空性不可得，观内外空内外空性不可得，观大空大空性不可得，观空空空空性不可得，观胜义空胜义空性不可得，观有为空有为空性不可得，观无为空无为空性不可得，观毕竟空毕竟空性不可得，观无际空无际空性不可得，观无散空无散空性不可得，观本性空本性空性不可得，观相空相空性不可得，观一切法空一切法空性不可得，是菩萨摩诃萨安住如是十四空中。"

《大般若波罗蜜多经》"二分本"，《放光般若经》、《摩诃般若经》，与"三分本"相当的经文，都明确地说到了"十四空"，这

① 《光赞般若波罗蜜经》卷八（大正八·一九九中、二〇三上），又卷九（大正八·二〇四下）。

② 《放光般若波罗蜜经》卷一（大正八·五下）。

是以"一切法空"为最后的①。此外,《摩诃般若波罗蜜经》说到:"一切法以内空故空,外空故空,内外空故空,空空、(大空、第一义空)、有为空、无为空、毕竟空、无始空、散空、性空、一切法空、自相空故空。"②这也是十四空,但脱落了"大空"与"第一义空"。这是以"一切法空"在前,"自相空"在后的十四空。《大般若经》的第二分、第三分,也都是这样的,只是简略地说:"由内空故空,如是乃至(由自)相空故空。"③《摩诃般若波罗蜜经》的《叹净品》(属于"中分")也有以"自相空"为后的十四空,《大般若经》第二分相同④,但第三分与《放光般若经》都没有。所以十四空是"后分"的类集,这是后来被移写到"中分"去的。十四空的组集成立,为以后十六空、十八空、二十空的基础。

十六空,是《大般若波罗蜜多经》第三分。在"中分"说明"大乘相"时,立十六空("三分"处处说十六空)。十六空是在十四空的最后"一切法空"下,加"无性空"与"无性自性空"⑤。但在《缘起品》的劝学般若中,十六空以下,又说"及所缘空、增上空等,无空等"⑥,这是值得注意的。

十八空,是《大般若波罗蜜多经》第二分。在"中分""大乘

_____

① 《大般若波罗蜜多经》(第二分)卷四五九(大正七·三二〇中——下)。《放光般若波罗蜜经》卷一五(大正八·一〇八中)。《摩诃般若波罗蜜经》卷二〇(大正八·三六七中)。

② 《摩诃般若波罗蜜经》卷二三(大正八·三八七中)。

③ 《大般若波罗蜜多经》(第二分)卷四六六(大正七·三六〇上),又(第三分)卷五二九(大正七·七一三下)。

④ 《摩诃般若波罗蜜经》卷一二(大正八·三〇七下)。《大般若波罗蜜多经》(第二分)卷四三六(大正七·一九五中——下)。

⑤ 《大般若波罗蜜多经》(第三分)卷四八八(大正七·四八〇中)。

⑥ 《大般若波罗蜜多经》(第三分)卷四七九(大正七·四三〇下)。

相"中,立十八空。这是在十六空中,插入了"不可得空"与"自性空"。同属于"中本般若"的《摩诃般若经》、《放光般若经》、《光赞般若经》,也同样的立十八空①。在劝学般若处,"第二分"立二十空(与"上本般若"同);《摩诃般若经》,也是十八空②。《放光般若经》中,脱落了"内外空"、"自相空"、"自性空"、"无性自性空",仅有十四种空③。《光赞般若波罗蜜经》在劝学中,却提到了"内空"、"外空"、"内外空"、"空空"、"大空"、"究竟之空"[毕竟空]、"所有空"、"无有空"、"有为空"、"无为空"、"真空"[胜义空]、"无祠祀空"、"无因缘空"、"因缘空"、"自然相空"[自相空]、"一切法空"、"不可得空"、"无所有空"[无性空]、"自然空"[自性空]、"无形自然空"[无性自性空]、"因缘威神空"——二十一种空④。与十八空相比对,少了"无际空"、"散空"与"本性空",却又多出了"所有空"、"无有空"、"无祠祀空"、"无因缘空"、"因缘空"、"因缘威神空"。这一非常不同,可与"第三分"比较的,如《大般若波罗蜜多经》卷四七九(大正七·四三〇下)说:

> "通达内空、外空……无性自性空,及所缘空、增上空等,无空等。"

---

① 《大般若波罗蜜多经》(第二分)卷四一三(大正七·七三上)。《摩诃般若波罗蜜经》卷五(大正八·二五〇中)。《放光般若波罗蜜经》卷四(大正八·二三上——中)。《光赞般若波罗蜜经》卷六(大正八·一八九中以下)。

② 《大般若波罗蜜多经》(第二分)卷四〇二(大正七·八下)。《摩诃般若波罗蜜经》卷一(大正八·二一九下)。

③ 《放光般若波罗蜜经》卷一(大正八·三上)。经中的"自性空",是"本性空"的异译。

④ 《光赞般若波罗蜜经》卷一(大正八·一四九下——一五〇上)。

　　"第三分"所说的"所缘空"、"增上（缘）空"，与《光赞般若》的"因缘空"、"无因缘空"、"因缘威神空"，不是有类似的意义吗！原来，在劝学般若中，这部分经文的次第，各种经本是这样的①：

A	B	C	D	E
1.十八空	1.二十空	1.十四空	1.二十一空	1.十六空
2.四缘	3.四缘	2.如等	2.如来等	2.所缘空等
3.（真）如等	2.真如等			3.真如等

　　依此可见，在十八空下，应该是四缘，而《光赞般若》及"第三分"，却把"因缘"、"所缘缘"、"增上缘"等，也误作空的一项了。这一定是梵本传写的错失，是不足为据的。至于"第三分"所说的"无空等"，那是十八空以外的"有性空"、"无性空"、"自性空"、"他性空"的略举。

　　《大般若波罗蜜多经》的"初分"（"上本般若"），对原有的"自相空"（或作"相空"或"自共相空"），分立为"自相空"与"共相空"——二空。原有的"散空"（或作"无散空"或"散无散空"），分立为"散空"与"无变异空"——二空。这样，十八空就演化为二十空②。"中本般若"所有的七空、十四空、十六空、十八空，"上本般若"一律改写为二十空，于是空性类集的演进过程，不再能明白了。现在，依玄奘所译，将十四空、十六空、十八

　　① 　A.《摩诃般若波罗蜜经》卷一（大正八·二一九下）。B.《大般若波罗蜜多经》（第二分）卷四〇二（大正七·八下）。C.《放光般若波罗蜜经》卷一（大正八·三上——中）。D.《光赞般若波罗蜜经》卷一（大正八·一四九下——一〇五上）。E.《大般若波罗蜜多经》（第三分）卷四七九（大正七·四三〇下）。
　　② 　《大般若波罗蜜多经》（初分）卷五一（大正五·二九〇下）。

空、二十空的名目,对比如下:

十四空	十六空	十八空	二十空
内空	内空	内空	内空
外空	外空	外空	外空
内外空	内外空	内外空	内外空
空空	空空	空空	空空
大空	大空	大空	大空
胜义空	胜义空	胜义空	胜义空
有为空	有为空	有为空	有为空
无为空	无为空	无为空	无为空
毕竟空	毕竟空	毕竟空	毕竟空
无际空	无际空	无际空	无际空
散空			散空
		散无散空	
	无散空		无变异空
本性空	本性空	本性空	本性空
			自相空
自共相空	相空	自共相空	
			共相空
一切法空	一切法空	一切法空	一切法空
		不可得空	不可得空
	无性空	无性空	无性空
		自性空	自性空
	无性自性空	无性自性空	无性自性空

种种空的类集,部分从《阿含经》与阿毗昙论中来。如《舍利弗阿毗昙论》立"六空",《施设论》立"十种空"①。"六空"与

① 《舍利弗阿毗昙论》卷一六(大正二八·六三三上)。《施设论》,见《阿毗达磨大毗婆沙论》卷八(大正二七·三七上);又卷一〇四(大正二七·五四〇上)。

"十空"的内容,就是"十四空"的前十二空,只少一"毕竟空"。所以,《般若经》是在一般的种种空以上,依般若法门,扩大类集而成种种空的。

"中本般若"列举了十六空、十八空("上本般若"举二十空),这是从不同事义的观察,以显示一切皆空的。虽处处列举种种空,但寻检"中本般若",一再提到的,"前分"(《序品》……《舌相品》)是:1.(本)"性空",如说"习应性空"。2.(自)"性空",如说"菩萨字性空"。3."不可得空",如说"不可得空故,但以名字说"。4."自相空",如说"入诸法自相空"。5."一切法空",如说"习应一切诸法空"。6."毕竟空",如说"毕竟空,不生悭心故,……不生痴心故"①。"中分"(《三假品》……《无尽品》)是:1.(本)"性空",如说"用性空智入诸法相"。2."自相空",如说"自相空法中不应著"。3."自性空",如说"一切法自性空故"。4."毕竟空",5."无始空",如说"毕竟空、无始空故"。6."无法有法空"(即无性自性空),如说"般若波罗蜜,不为转、不为还故出,无法有法空故"。7."无法空"(即无性空),如说"示佛世间无法空"②。"后分"(《摄五(度)品》以下)是:1."自性空",如说"自性空,虚诳如野马"。2."自相空",如说"应行诸法自相空"。3."毕竟空",4."无始空",如说"住二空

----

① 《摩诃般若波罗蜜经》:1.卷一(大正八·二二二下)。2.卷一(大正八·二二一中)。3.卷一(大正八·二二一下)。4.卷一(大正八·二二三中)。5.卷一(大正八·二二二下)。6.卷二(大正八·二二九上)。以上并举一为例;下二则也如此。

② 《摩诃般若波罗蜜经》:1.卷三(大正八·二三六上)。2.卷四(大正八·二四三中)。3.卷一一(大正八·二九九上)。4.5.卷一二(大正八·三〇七中)。6.卷一二(大正八·三一一中)。7.卷一四(大正八·三二六下)。

中——毕竟空、无始空,为众生说法"。5.(本)"性空",如说"观一切法性空"。6."不可得空",如说"空中空相不可得,须菩提!是名不可得空"。7."一切法空",如说"得无所有法已,见一切法空"①。统观"中本般若"全经,从不同事义以显示空性,以"本性空"、"毕竟空"、"自性空"、"自相空",特别是自性空与自相空,应用得最为广泛。"自性"是一一法的自体,相是一一法的特相。所以知道有什么法,一定是以"相"而知;从认识到的各各相,推定有不同的法,这就是以相知法。自性与自相,正是阿毗达磨的根本论题。"中本般若"说"自性空"与"自相空"(或作"相空"),又以自性与(自)相作相互的观察,而明自性与相的不可得,如经说:

　　1."色离色性,……亦离色相。……相亦离相,性亦离性。"

　　2."色离色自性,……亦离色相。……自性亦离自性,相亦离相;自性亦离相,相亦离自性。"②

　　从列举的种种空(有"离"、"净"等异名),知道《般若经》所说,是依种种法、种种问题,而归于超越名、相、分别的。

────────

　　① 《摩诃般若波罗蜜经》:1.卷二一(大正八·三六九中)。2.卷二一(大正八·三七三下)。3.卷二三(大正八·三八八上)。4.卷二四(大正八·三九二中)。5.卷二五(大正八·四〇二上)。6.卷二六(大正八·四一〇上)。7.卷二六(大正八·四一二上)。

　　② 1.《摩诃般若波罗蜜经》卷三(大正八·二三六下)。2.《大般若波罗蜜多经》(第二分)卷四〇九(大正七·四九中)。

五　空之解说

"空"在《般若经》中，说得非常广，到底怎样的说明呢？

一、《般若经》类集的种种空，且依十八空来说：1. 内空：内是眼、耳、鼻、舌、身、意——六内处，为众生的身心自体。六内处是空的，名为内空。2. 外空：外是色、声、香、味、触、法——六外处，是眼等所取的境。六外处空，名为外空。3. 内外空：内外是内六处与外六处，内外处都是空的，名为内外空。4. 空空：空是一切法空，空也是空的，名为空空。5. 大空：大是十方，十方是无限的广大，广大的十方是空的，名为大空。6. 胜义空：胜义就是涅槃，涅槃是空的，名为胜义空。7. 有为空：有为是欲界、色界、无色界；生死流转的三界是空的，名有为空。8. 无为空：无为是没有生住灭相的，不生不灭的无为是空的，名无为空。9. 毕竟空：毕竟是到达究竟彻底处，所以或译作"至竟空"。究竟是空的，名为毕竟空。10. 无际空：际是边际。佛说"众生无始以来"，没有最初际，所以名无际（或译作"无始空"，"不可得原空"）。依此初际而进说中际、后际，没有时间的三际，所以是空的，名无际空。11. 散无散空：梵本十万颂本（"上本般若"）、二万五千颂本（"中本般若"），原文作 anavakāra-śūnyatā，是无散空。无散空是《般若经》的本义，如《放光般若经》译为"无作空"，解说为"于诸法无所弃"。《光赞般若经》译为"不分别空"，解说为"彼无能舍法亦无所住"。《摩诃般若波罗蜜经》虽译为"散空"，解说也还是"散名诸法无灭"。《大般若波罗蜜经》第三分说："若法无放、弃、舍可得,说名无散。"①《般若》明空,不以无常为正观,所以无弃、无舍的是无散;无散(或译作"无变异")是空的,名无散空。《大智度论》引《阿含经》,解说为"散空"②,正是龙树论意。12. 本性空:本性是有为法性、无为法性,本性如此,名为本性。有为、无为法性是空的,名本性空。13. 自共相空,依梵本十万颂本、二万五千颂本,原文为 svālakṣaṇa-śūnyatā,应译为自相。如恼坏是色自相③,领纳是受自相等;自相是空的,名自相空。《光赞》、《放光般若经》等都如此,但玄奘译本却解说为自相与共相空。14. 一切法空:一切法是五蕴、十二处、十八界等。一切法是空的,名一切法空。15. 不可得空:不可得,是求一切法不可得;不可得就是空,名不可得空。16. 无性空:无性,是"无少许可得";无性是空的,名无性空。17. 自性空:自性是"诸法和合中有自性相",或作"诸法能和合自性"④。自性是不可得的,名自性空。18. 无性自性空:玄奘译本说:"无性自性,谓诸法无能和合者性,有所和合自性。"⑤无性自性是空的,名无性自性空。然依鸠摩罗什所译,这是无性空与自性空合说,与内外空的意义一样⑥。

　　《般若经》明"大乘相"中,无论是十六空本、十八空本、二十空本,都接着又说四空:"有性由有性空,无性由无性空,自性由

---

　　① 《大般若波罗蜜多经》(第三分)卷四八八(大正七·四八〇下)。
　　② 《大智度论》卷三一(大正二五·二九二上)。
　　③ "恼坏相",奘译本作"变碍相",依说一切有部说而改。
　　④ 《摩诃般若波罗蜜经》卷五(大正八·二五〇下)。《大般若波罗蜜多经》(第二分)卷四一三(大正七·七三下)。
　　⑤ 《大般若波罗蜜多经》(第二分)卷四一三(大正七·七三下)。
　　⑥ 《大智度论》卷三一(大正二五·二九六上)。

自性空,他性由他性空。"1. 有性空:有性——bhāva,译为"有",如三界名"三有",生死流转过程立"四有",十二缘起名"有支",有是五蕴等(生死)有为法。这样的有(或译作"有性"、"有法",是现实的存在)是空的,名有性空。2. 无性空:无性,是无有——无为法。无性是空的,名无性空。3. 自性空:一切法自性空,"空非智作,非见作",不是由于智、见而空的,所以自性空是"自空"。4. 他性空:经上说:"若佛出世若不出世,法住、法定、……实际,皆由他性故空。"他性是什么意义呢? 真如、实际等,佛出世也如此,佛不出世也如此,依世俗方便来说,这是对佛而有客观意义的,所以名为他性。他性——真如等是空的,名为他性空。但《摩诃般若波罗蜜经》说:"若佛出,若佛未出,法住、法相[法性]、法位[法定]、法性[法界]、如、实际,过此诸法空,是名他法他法空。"①"过此诸法空",与《般若经》所说"我说涅槃亦如幻如梦;若当有法胜于涅槃者,我说亦复如幻如梦"②,有同样的意义。所以《大智度论》解说为:"有人未善断见结故,处处生著。是人闻如是、法性[法界]、实际,谓过是已更有余法,以是故说过如、法性、实际亦空。"③这四种空,依二万五千颂梵本,是在十六空下再说四空,近于《大般若波罗蜜多经》的第三分。但梵本没有"无性空"而有"不可得空",所以十六空以后再说四空,并没有重复的。这四空,都是不离"有"的,是有与无有、自有与他有,一一地表示是空的。

---

① 《摩诃般若波罗蜜经》卷五(大正八·二五一上)。
② 《摩诃般若波罗蜜经》卷八(大正八·二七六中)。
③ 《大智度论》卷四六(大正二五·三九六中)。

二、《般若经》从种种法门,从种种观点显示空性,所以类集为种种空(性),又略摄为四空:有性空、无性空、自性空、他性空。虽说有种种空,而所以是空的理由,经说是完全一致的。试引十八空的一例,如《摩诃般若波罗蜜经》卷五(大正八·二五〇中——下)说:

> "何等为有为空?有为法名欲界、色界、无色界。欲界欲界空,色界色界空,无色界无色界空:非常非灭故。何以故?性自尔。"

> "何等为无为空?无为法名若无生相,无住相,无灭相。无为法无为法空,非常非灭故。何以故?性自尔。"

"性自尔",玄奘译为"本性尔故"。《般若经》的种种空,都是本来如此的本性空。本性空,所以是非常非灭的。一般说:有为是生死流转的三界,是生灭的;无为是不生灭的。有为是非常的,无为是常住的。但在般若正观中,有为、无为都是性自空的。为什么是空?因为是非常非灭的。非常非灭,这似乎很难解!有为法非常,怎么说非灭坏呢?无为法没有生住灭相,怎么说非常呢?非常非灭,为什么说是空呢?不知道有为与无为的分别是随顺世俗的方便说,如《大智度论》卷三一(大正二五·二八九上)说:

> "离有为则无无为,所以者何?有为法实相即是无为,无为相者则非有为,但为众生颠倒故分别说。……若无为法有相者,则是有为。"

无为法是有为法的实相(真相),不是截然不同的对立法。为了要说明,不得不说为二——有为与无为。其实,有为就是无为,不见有为即是无为(非二法合一);"于有为法无为不取相"(这是无为的意趣所在)。那么,不妨从有为法来说"非常非灭",如《小品般若波罗蜜经》卷七(大正八·五六七中)说:

> "须菩提! 于意云何? 若心已灭,是心更生不? 不也,世尊!"
>
> "须菩提! 于意云何? 若心生,是灭相不? 世尊! 是灭相。"
>
> "须菩提! 于意云何? 是灭相法当灭不? 不也,世尊。"
>
> "须菩提! 于意云何? 亦如是住,如如住不? 世尊! 亦如是住,如如住。"
>
> "须菩提! 若如是住,如如住者,即是常耶? 不也,世尊!"

前心与后心,是不能同时而有的,那么前灭后生,怎么能相续而善根增长,圆成佛道呢? 佛举如灯烧烛的譬喻,以不即不离的意义来说明,这才引起了这一段的问答。心已灭了,是不能再生起的。心生起了,就有灭相,这灭相却是不灭的。灭相是不灭的,所以问:那就真如那样的住吗? 是真如那样的,却不是常住的。这一段问答,不正是"非常、非灭"吗? 一般说诸行无常,但论到前灭后生间,总不免有中断的过失。如唯识学者,提出了"前因灭位,后果即生,如秤两头,低昂时等"的解说,也不免有前后同时的嫌疑。同时,怎能有前后呢? 依《般若经》及龙树论意:"若一切实性无常,则无行业报,……以是故诸法非无常性。""若一切法实皆无常,佛云何说世间无常是名邪见! ……佛处处说无常,处处说不灭。……破常颠倒,故说无常。……诸法实相非常非无常。"①所以,法相是非常非灭,也就是非常非无常的。观一切法非常非灭,不落常无常二边,契会中道的空性。

上文所引如灯烧炷的譬喻,经说是"缘起理趣极为甚深"②。甚深缘起是"非常非灭"的缘起,而在十八空中"非常非灭,本性尔故",表示了一切法的空性。非常非灭,也就是假名而没有自性的,如《摩诃般若波罗蜜经》卷七(大正八·二六九中)说:

> "舍利弗! 一切法非常非灭。……色非常非灭,何以故? 性自尔。受、想、行、识非常非灭,何以故? 性自尔。乃至意触因缘(所)生受,非常非灭,何以故? 性自尔。以是因缘故,舍利弗! 诸法和合生,无自性。"

"诸法和合生,无自性",《大般若经》第二分作"但有假名,都无自性"③。假名是诸法和合生的,无自性就是空。可见般若的正观,是通达一切法非常非灭(不落二边)而空的。所以《摩诃般若波罗蜜经》说:"般若波罗蜜远离生死,非常非灭故。"④

---

① 《大智度论》卷一(大正二五·六〇中——下),又卷一八(大正二五·一九三上——中)。
② 《大般若波罗蜜多经》(第二分)卷四五〇(大正七·二七三中)。
③ 《大般若波罗蜜多经》(第二分)卷四二二(大正七·一二二上)。
④ 《摩诃般若波罗蜜经》卷一一(大正八·三〇二中)。

六　空之双关意义

空,是形容词;形容词的名词化,就是空性。在《阿含经》中,空三昧、空住等,都是空性,但没有《般若经》空性的意义。空与无相、无所有,同为解脱的要门,重在观慧。《般若经》的观慧,渐渐地重视空,演进到空与真如、涅槃、法性等为同义异名,如《摩诃般若波罗蜜经》卷二五(大正八·四〇二下)说:

> "是(本)性空,不常不断。何以故? 是性空无住处,亦无所从来,亦无所从去,须菩提! 是名法住相[性]。是中无法,无聚无散,无增无减,无生无灭,无垢无净,是为诸法相[性]。"

《般若经》说的空,是从种种而显示的本性空,本性空是不常不断(即"非常非灭")的。无住处,超越了空间;无所从来,无所从去,又超越了时间:这就是法住相[性],也就是诸法相[性]。在这一意义上,空性与法住、法性、真如等,是同一内容的。但在表示法义的应用上,还是有点不同的。空是观慧所观,从一切法的虚妄、不实而显示的。

原则地说,《般若经》是以般若为主导的菩萨行,般若圆满了,就是佛的萨婆若——一切智(或"一切智智")。这是般若修证的开示,不是义理的说明。般若所悟的法相[性],称为如、法界、实际等,这种种异名,也只是方便安立。如《摩诃般若波罗蜜经》说:"众生但住名、相、虚妄忆想分别[虚妄分别]中。"①可见一切名义、一切分别,都不能表达法性的。但方便说法,不可能没有表示这不落名相分别的方便。佛法固有三解脱门,空、无相、无作[愿]等,便被使用起来。今依《小品般若经》,择要地列举用以表示的词类如下②:

	A.	B.	C.	D.	E.	F.	G.	H.	I.	J.	K.	L.	M.	N.	O.	P.
空	1		1		1	1	1	1	2			1			1	1
无相					2	2	2	2								
无作[愿]					3	3	3	3								
无起					4	4	4									
尽													1			
无(或"不")生					5	5	5	1	1			3	2			
无(或"不")灭						6			4							
无依						7								2		
无性									2	1						
(远)离									3	2	2	2	3			
(清)净												3				
(寂)灭[寂静]						3				4		4				

---

① 《摩诃般若波罗蜜经》卷二四(大正八·三九八中)。

② 《小品般若波罗蜜经》:A.卷六(大正八·五六三中)。B.卷一(大正八·五三七下)。C.卷九(大正八·五七六中)。D.卷五(大正八·五五九中)。E.卷五(大正八·五五七下)。F.卷七(大正八·五六九中)。G.卷五(大正八·五五八中——下)。H.卷四(大正八·五五三上)。I.卷九(大正八·五七六下)。J.卷三(大正八·五五〇中)。K.卷一(大正八·五四〇上)。L.卷五(大正八·五五九上)。M.卷一(大正八·五三九上)。N.卷八(大正八·五七四上)。O.卷五(大正八·五五八下)。P.卷七(大正八·五六六下)。

	A.	B.	C.	D.	E.	F.	G.	H.	I.	J.	K.	L.	M.	N.	O.	P.
不可得				2							3					
不可思议										5						
无所有		1	2	1		6		6					1			2
虚诳[虚妄]																3
不实																4
不坚牢																5

　　从所列举的来说，空与无所有，具有双关的意义。在《杂阿含经》中，空、无相、无所有，是三三摩提或三解脱；在解脱法门中，无所有是重要的术语。但后来，无愿代替了无所有，所以在阿毗达磨论中，无所有就少见了。《般若经》及初期大乘经虽继承了空、无相、无愿的三解脱门说，而"无所有"仍广泛地应用，说空与无所有的，比无相与无愿要多得多。如上表所列的，从空到无所有，如 F. 是甚深法相；L. 是示世间的实相；I. 是将入不退转的深行；H. 是"无（法）可转，无法可还，无法可示，无法可见"；M. 是一切无缚无解。这或是表示深法相，或是菩萨的深观。"下本般若"的空与无所有等，是重在显示真实的。但（空）无所有以下，如 P. 的"空无所有，虚诳不实"，是各种译本所同的①，这是表示虚妄不实了。如《小品般若经》说："字，无决定，

────────────

　　① 《小品般若波罗蜜经》卷七（大正八·五六六下）。《大般若波罗蜜多经》（第四分）卷五五〇（大正七·八三〇上）。（第五分）卷五六二（大正七·九〇四上）。《佛说佛母出生三法藏般若波罗蜜多经》卷一七（大正八·六四五上）。《道行般若波罗蜜经》卷六（大正八·四五六下）。《摩诃般若波罗蜜钞经》卷四（大正八·五二九中）。

无住处,所以者何？是字无所有故。"①所说的无所有,也是但名无实的意思。空与无所有,是显示如实相的,也用来表示虚妄性,所以说有双关的意义。其实,如尽、无生、无灭、寂灭、远离、清净,这些涅槃的同义异名,还不是都有"遮"妄的意义！《般若经》本重于深法相的直观,而在"空"的发展中,说诸行或一切法虚妄不实的教说也越来越多。如《小品般若经》说:菩萨行深般若波罗蜜,信解一切法无生,一切法空,一切法寂灭,而没有能得无生法忍,入不退转地的,也为诸佛所赞叹②。这是无生、空、寂灭的深观,而《摩诃般若经》作:信解一切法无生,一切法空,一切法虚诳、不实、无所有、不坚固;《大般若经》"第二分"作:信解无生、深般若、毕竟空性、寂静性、远离性、虚妄性、空性、无所有性、不自在性、不坚实性③。又如《摩诃般若经》说:行深般若的,应观寂灭、空、虚诳、不坚实;"第二分"就说:应观凋落、破坏、离散、不自在、不坚实性、虚伪了④。又如《摩诃般若经》说:"诸波罗蜜性无所能作,自性空,虚诳,如野马。"《放光般若经》也说:"自空,无所能作,无所能为,如热时之焰。"《大般若经》"第二分"就这样说:"一切法自性皆钝,无所能为,无有主宰,虚妄、不实,空,无所有,不自在相,譬如阳焰、光影、水月、幻事、梦等。"⑤

---

① 《小品般若波罗蜜经》卷一(大正八·五三七下)。
② 《小品般若波罗蜜经》卷九(大正八·五七六下——五七七上)。
③ 《摩诃般若波罗蜜经》卷一九(大正八·三六一中)。《大般若波罗蜜多经》(第二分)卷四五七(大正七·三〇九上)。
④ 《摩诃般若波罗蜜经》卷二一(大正八·三七三上)。《大般若波罗蜜多经》(第二分)卷四六一(大正七·三三二上)。
⑤ 《摩诃般若波罗蜜经》卷二一(大正八·三六九中)。《放光般若波罗蜜经》卷一六(大正八·一〇九中)。《大般若波罗蜜多经》(第二分)卷四六〇(大正七·三二三上)。

虚诳不实这一类术语的更多应用,意味着般若法门不只是深法相的体悟,而要观破世俗的虚妄,从而脱落名相以契入如实相。

七　自性空与无自性空

《般若经》常说自性空。一切法无自性,无自性故空:经论师的大力弘扬,学者们似乎觉得《般若经》所说的自性空,就是一切法无自性空了。当然,《般若经》说一切法虚妄无实,但有名字,是可以说是无自性的。如《经》说:"我名字,……无自性";"但有假名,都无自性"①。但《般若经》所说的自性空,与无自性空,意义上是有些不同的。《大智度论》卷四六(大正二五·三九六中)说:

> "自性有二种:一者,如世间法(中)地坚性等;二者,圣人(所)知如、法性[界]、实际。"

自性的第一类,是世间法中所说的,地坚性、水湿性等。地以坚为自性,水以湿为自性等,世俗法中是可以这样说的。如求坚等自性的实体,那是不可得的,也就是没有自性——无自性了。自性的第二类,是圣人所证的真如,或名法界、实际等。这是本来如此,可以名之为自性的。《智论》卷六七所说:"色性者,……所谓地坚性等。复次,色实性,名法性。"②也就是这二

---

① 《摩诃般若波罗蜜经》卷七(大正八·二六九上)。《大般若波罗蜜多经》(第二分卷四二〇(大正七·一一二上)。

② 《大智度论》卷六七(大正二五·五二八中)。

类自性的分别。这二类自性，一是世俗自性，世间众生以为自性
有的，如地坚性等，不符缘起的深义，所以要破斥而论证为没有
自性的。二是胜义自性，圣人所证见的真如、法界等，是圣人如
实通达的，可以说是有的。所以《智论》说："如、法性［界］、实
际，世界故无，第一义故有。"①第一义就是胜义。第一义中有的
自性，"下本般若"是一再说到的：

1.《小品般若波罗蜜经》卷三（大正八·五五一中）说：

> "色无缚无解，何以故？色真性是色。受、想、行、识无
> 缚无解，何以故？识真性是识。"

"色真性是色"，《道行般若》与《摩诃般若钞经》译为"色之
自然故为色"②，自然是自性的古译。赵宋所译的《佛母出生三
法藏般若波罗蜜多经》，也作"色自性是色"③。一般所知的，是
色等五蕴的虚妄相，所以说系缚，说解脱。色等法的胜义（真）
自性，是色等真相，这是没有系缚与解脱可说的。与之相当的
"中本般若"，如《放光般若经》说："五阴不缚不解，何以故？色、
色自有性，……识、识自有性。六波罗蜜亦不缚亦不解，何以故？
六波罗蜜所有无所有故。"④五阴"自有性"，还是"下本般若"的
自性说，而"中本"增广的六波罗蜜等，却改作"所有无所有"了。
秦译的《摩诃般若波罗蜜经》等，五阴、六度等，一律改为"无所

---

①　《大智度论》卷一（大正二五·五九下）。

②　《道行般若波罗蜜经》卷三（大正八·四四一下）。《摩诃般若波罗蜜钞经》
卷三（大正八·五二三中）。

③　《佛说佛母出生三法藏般若波罗蜜多经》卷八（大正八·六一六上）。

④　《放光般若波罗蜜经》卷九（大正八·六三下）。

有性"①。玄奘所译的《大般若经》,作"以无性为自性",或"无所有性为色等自性故"②。依各本的比较,可知"下本般若"是"自性","中本般若"渐演化为"无所有(之)性",再演化为"无性为自性","无所有性为自性"。意义相同,但这是无性的自性,与"下本"的但说"自性"不同了。

2.《道行般若经》卷三(大正八·四四一上)说:

> "人无所生;般若波罗蜜与人俱皆自然;人恍惚故;般若波罗蜜(与人)俱不可计;人亦不坏,般若波罗蜜亦如是。"

《摩诃般若钞经》也如此说③。这二本古译,说人[众生]与般若波罗蜜,都是无所生[无生]、自然、恍惚[远离]、不可计[不可思议]、不(灭)坏。所说的自然——自性,《小品般若》等就译作无性④,《大般若经》竟改作"无自性"了⑤。

3.《大明度经》卷一(大正八·四八二上)说:

> "众生自然,念亦自然。……众生恢廓,念(亦)恢廓。……众生之不正觉,而念(亦)不正觉。"

---

① 《摩诃般若波罗蜜经》卷一一(大正八·三〇五下)。
② 《大般若波罗蜜多经》(第五分)卷五五九(大正七·八八五中)。(第四分)卷五四五(大正七·八〇一下)。(第三分)卷五〇六,作"无所有性为色等自性"(大正七·五八一上);"第二分"与"初分",同。
③ 《摩诃般若波罗蜜钞经》卷三(大正八·五二二下)。
④ 《小品般若波罗蜜经》卷三(大正八·五五〇中)。《佛说佛母出生三法藏般若波罗蜜多经》卷七(大正八·六一四中)。
⑤ 《大般若波罗蜜多经》(第五分)卷五五九(大正七·八八四上)。"第四分"同。

自然、恢廓、不正觉——三者，《摩诃般若钞经》作：自然、恍惚[远离]、难了知①。自然——自性，《道行般若经》作"空"性②；而《小品般若》等，就译作"无性"③；《大般若经》"第四分"、"第五分"，译为"无自性"④。与之相当的"中本般若"各本，都作"无"、"无自然"、"无自性"。"下本般若"的自然——自性，与无生、远离、不可思议为同类，实在是胜义自性、法性与涅槃的异名，称之为"无所有性"，"无性为自性"，虽多一转折（近于"正"经"反"而到"合"）是可以的；如改为"无自性"，似乎是不适当的！

"中本般若"也说到自性，如《摩诃般若波罗蜜经》卷一〇（大正八·二九二中）说：

> "云何名无为诸法相？若法无生无灭，无住无异，无垢无净，无增无减诸法自性。云何名诸法自性？诸法无所有性，是诸法自性，是名无为诸法相。"

诸法自性，唐译本作"谓一切法无性自性"⑤，意义相同。又《摩诃般若经》说："诸法实性，无生无灭，无垢无净故。"⑥实性，

---

① 《摩诃般若波罗蜜钞经》卷一（大正八·五一一下）。

② 《道行般若波罗蜜经》卷一（大正八·四二九上）。

③ 《小品般若波罗蜜经》卷一（大正八·五四〇上）。《佛说佛母出生三法藏般若波罗蜜多经》卷二（大正八·五九二上）。

④ 《大般若波罗蜜多经》（第五分）卷五五六（大正七·八七〇上）。（第四分）卷五三九（大正七·七六九中）。

⑤ 《大般若波罗蜜多经》（第二分）卷四三〇（大正七·一六四下）。

⑥ 《摩诃般若波罗蜜经》卷一（大正八·二二一下）。罗什译作"实性"，前引《小品经》作"真性"，都表示胜义自性，免得与世俗自性的混同。

唐译本也作自性①。"无性"与"无自性"说,是"中本般若"的一致倾向,而唐译本增入了更多的"无自性",更多的"无性为性","以无性而为自性"。我以为:般若法门本是直观深法性的,空(性)是涅槃的异名,所以自性也约胜义自性说。然般若法门的开展,不但为久行说,为邻近不退者说,也为初学说;不但为利根说,也为钝根说。这一甚深法,在分别、思惟、观察,非勘破现前事相的虚妄不实,从虚妄不实去求突破不可。这所以多说一切法"无性",一切法"无自性"了。以无自性为自性,与空的空虚性及涅槃的双层意义,是非常契合的。

《般若经》广说种种空,而定义都是:"非常非坏,何以故,本性尔故。"②经说十四空、十六空、十八空、二十空,依种种法义来显示空,而一切都是约本性空说的。本性空是圣智证知的,所以《摩诃般若波罗蜜经》卷二五(大正八·四〇二下)说:

> "须菩提! 若内空性不空,外空乃至无法有法空性不空者,则坏空性。是(本)性空不常不断,何以故? 是(本)性空无住处,亦无所从来,亦无所从去。须菩提! 是名法住相。是中无法,无聚无散,无增无减,无生无灭,无垢无净,是为诸法相。"

"是为诸法相",唐译本作"是一切法本所住性"③。本性,在说一切有部中,与自性同一内容,如《毗婆沙论》说:"如说自

---

① 《大般若波罗蜜多经》(第二分)卷四〇二(大正七·一一下)。
② 《大般若波罗蜜多经》(第二分)卷四一三(大正七·七三上——下)。
③ 《大般若波罗蜜多经》(第二分)卷四七三(大正七·三九八上)。

性,我、物、自体、相、分、本性亦尔。"①《般若经》中处处说本性空,也处处说自性空,意义也大致相同。自性空,本是胜义自性空,如说"自性空故,自性离故,自性无生故"②。这是以空、离来表示自性,自性空并非没有自性。由于"假名无实","虚妄无实",与空的空虚义相关联,而自性空有了无世俗自性的意义,如《摩诃般若波罗蜜经》卷二四(大正八·三九八中)说:

> "是名,但有空名,虚妄忆想分别中生。……此事本末皆无,自性空故"。

"自性空故",唐译本作"自性皆空"③,更显出都无世俗自性的意味。如说:"但有假名,都无自性。……以色处等与名,俱自性空故。"④胜义的自性空,渐演化为世俗的无自性空,还可以从空的类集中得到证明。"中本般若"立十六空,是在十四空以下增列无性空与无性自性空,十六空是没有自性空的。然"中本般若",无论为十六空或十八空("上本"立二十空),在说十六或十八空后,都更说四种空:"复次,须菩提! 法[有性]法相空,无法[无性]无法相空,自法[自性]自法相空,他法[他性]他法相空。"⑤自法自法相空,就是"自性由自性空"。所说的自性空是:"是(自性)空,非知作,非见作。"⑥非知所作,非见所作,也

---

① 《阿毗达磨大毗婆沙论》卷六(大正二七·二九下)。

② 《摩诃般若波罗蜜经》卷二(大正八·二二八中)。《光赞般若波罗蜜经》卷二(大正八·一五九下)。

③ 《大般若波罗蜜多经》(第二分)卷四七一(大正七·三八六上)。

④ 《大般若波罗蜜多经》(第二分)卷四二二(大正七·一一九下)。

⑤ 《摩诃般若波罗蜜经》卷五(大正八·二五〇下)。

⑥ 《摩诃般若波罗蜜经》卷五(大正八·二五一上)。

非余人所作的自性空,正是本来如此的胜义自性空。一直到成立十八空(与《大般若经》第二分相当),才在无性空与无性自性空间,增列自性空。这三种空,如《摩诃般若波罗蜜经》卷五(大正八・二五〇下)说:

> "何等为无法[无性]空? 若法无,是(无法)亦空,非常非灭故。"

> "何等为有法[自性]空? 有法名诸法和合中有自性相,是有法空,非常非灭故。"

> "何等为无法有法[无性自性]空? 诸法中无法,诸法和合中有自性相,是无法有法空,非常非灭故。"

无法有法空,依经文说,是无法[无性]与有法[自性]的合观为空,所以《大智度论》以为:与内空、外空、内外空——初三空一样,"十八空中,初三空破一切法,后三空亦破一切法"[①]。又如《光赞般若经》说:"一切诸法皆无所有,悉为自然[自性]。"是以一切法无性而显自性。《摩诃般若经》说:"诸法亦如是无自性,舍利弗! 诸法和合生故无自性。"唐译《大般若经》作:"诸法都无和合自性,何以故? 和合有法自性空故。"[②]诸法和合生,所以没有自性,这是无自性的自性空;也与众缘和合生故无自性,缘起的无自性空相同。但在《般若经》中,这还是十八空的一空,把握这一原则而彻底发挥的,那是龙树的缘起(无自性故)即空了。

---

① 《大智度论》卷三一(大正二五・二九六上)。
② 《光赞般若波罗蜜经》卷九(大正八・二〇六下)。《摩诃般若波罗蜜经》卷七(大正八・二六九上)。《大般若波罗蜜多经》(第二分)卷四二二(大正七・一二一下)。

八 空与一切法

空与一切法之关系,如《小品般若波罗蜜经》卷一(大正八·五三八中)说:

> "舍利弗!是诸法不尔如凡夫所著。"
>
> "舍利弗白佛言:世尊!今云何有?佛言:如无所有如是有,如是诸法无所有(凡夫不知),故名无明。"

如凡夫所知的,以为如何如何的一切法,都是有所取著的;一切法的实相,并不如凡夫所著的那样。舍利弗问佛:那么一切法是怎样的呢?佛说:一切是无所有而有的,凡夫不知道,以为是一般所知那样的,所以说是无明。无明是众生的根本迷惑,也就是生死流转的根源。这一问答,表示了二方面:一、众生以为如是如是有的,是迷执的生死。二、圣者知一切无所有,是解脱。这就符合早期的二谛说,如《中论》"青目释"说:"世俗谛者,一切法性空,而世间颠倒故生虚妄法,于世间是实。诸贤圣真知颠倒性故,知一切法皆空无生,于圣人是第一义谛,名为实。"①二谛说,到"中本般若"的"后分",大大地应用起来。依《般若经》说:第一义谛——胜义谛是没有任何差别可说的。为了方便说法,不能不说二(相对的),不立二就一切无可说了。所以有名相安立的一切法,及不落名相的胜义。

---

① 《中论》卷四(大正三〇·三二下)。

　　胜义,"下本般若"多依真如立论,也有名为法性的,如说:
"法性唯一,无二无三;是性亦非性、非作。"①"中本般若"的"前
分"、"后分",多称为法界、实际,也有称为法住性的。在真如的
十二异名中,空与无相没有计算在内,但也一再说到无相,如说:
"是一切法皆不合不散,无色、无形、无对,一相所谓无相。"②空
也被称为空相,如说:"是诸法空相,不生不灭,不垢不净,不增
不减。"③一切法皆空——一切法与空,应怎样的去如实信解?
如《大般若波罗蜜多经》(第二分)卷四〇三(大正七・一四
上)说:

　　　　"舍利子! 诸色空,彼非色;诸受、想、行、识空,彼非
　　受、想、行、识。何以故? 舍利子! 诸色空,彼非变碍
　　相;……诸识空,彼非了别相。何以故? 舍利子! 色不异
　　空,空不异色,色即是空,空即是色;受、想、行、识不异空,空
　　不异受、想、行、识,受、想、行、识即是空,空即是受、想、行、
　　识。舍利子! 是诸法空相,不生不灭,不染不净,不增不减;
　　非过去,非未来,非现在。如是空中无色,无受、想、行、识;
　　无眼处,……无得、无现观;……无正等觉、无正等觉
　　菩提。"

　　这就是一般最熟悉的(如《心经》所说的)"色不异空,空不
异色,色即是空,空即是色;受、想、行、识,亦复如是"的教说。

---

① 《小品般若波罗蜜经》卷四(大正八・五五二上)。
② 《摩诃般若波罗蜜经》卷二二(大正八・三八二上)。
③ 《摩诃般若波罗蜜经》卷一(大正八・二二三上)。

这一教说,"中本般若"一再地说到①,而上面所引的,与《般若波罗蜜多心经》最接近,所以引述这段文字来解说。这段文字,明色、受、想、行、识——五蕴空,然后依空明一切法不可得。五蕴,主要是每人(一切众生)的身心自体,广义是包含了器世间的山河大地、草木丛林,可说是一切现象界的分类——五类聚。为了文字的简约,且依色蕴来说。全文可分三节:标宗,明义,结论。

一、"诸色空,彼非色",是标宗。菩萨与般若波罗蜜相应,就是"空相应"。为了要阐明般若波罗蜜照见的空义,所以揭示了"诸色空,彼非色"的宗要。色是一般所说的物理现象(其他四蕴,是心理现象的分类)。一般所知的色法,是本性空的;本性空的,也就是非色。这二句,或作"是色非色空,是色空非色"②。这是说:色是非色的,所以色是空;色是空的,所以是非色。反复说明,而意义还是相同的。

二、"何以故"下,是明义。为什么"色空非色"呢?"诸色空,彼非变碍相",约自相空说。为什么知道有这样那样的法?"以相故知",相是一一法的特征,以不同的相,知不同的法。如变碍是色相:变是变异;碍是物质占有一定的空间,有此就不能有彼。如部派佛教者说:色,分析到最微细的物质点,名为极微,极微是不可析、不可入的,与古代的原子说相同,不可入就是碍。一般所说的变异与质碍相,大乘法是加以否定的。没有变碍的

---

① 《摩诃般若波罗蜜经》卷一(大正八·二二一下、二二三上),又卷三(大正八·二三五上、二三七中),又卷四(大正八·二四〇中)。参阅卷二四(色等与法性[界]对论)(大正八·四〇〇上),卷二五(色等与"本"性空对论)(大正八·四〇三中)。

② 《大般若波罗蜜多经》(第二分)卷四〇九(大正七·四七上)。

决定相,那么怎么说是色呢？所以,没有变碍相——相空,也就是空非色了。"何以故？色不异空"到"空即是色",是进一层的解明空义。"色不异空,空不异色",或作"色不离空,空不离色"①。空是涅槃的异名,或以为空与色是相对的,涅槃空是离色、灭色而后空的,所以进一步说:上文的色空非色,是本性空。色如幻如化,没有决定性的相,色相空,所以说"非色"。没有决定性的相,宛然似有,当体即空；色与空不是离异的,而是即色明空的。即色是空,就是色的本性空。般若大乘的特色,是一切法本空,本性清净,也就是世间(五蕴,生死)即涅槃。如《大智度论》,举《般若经》的"色即是空,空即是色",而引《中论》颂说:"涅槃不异世间,世间不异涅槃,涅槃际、世间际,一际无有异故。"②这就是"色空彼非色"的进一步说明。

三、"是诸法空相"以下,是结成。般若法门,从信解一切法空,经柔顺忍而无生法忍,得到与涅槃同一内容的深悟(不过通达而不证入)。般若是圣道的实践,不是深玄的理论,所以般若相应,只是一切法本性空的观照,目的是空(性)相的体悟。所以先标"色空非色"(等),再从色(等)相空而明即色是空,然后结归正宗,而表示一切法空相。空(性)相,是超越名、相、分别,不落对待,实是不可说的。如《摩诃般若经》说:"一切法不可说,一切法不可说相即是空,是空不可说。"③所以名为空相,也

① 《摩诃般若波罗蜜经》卷三(大正八·二三七中)。《大般若波罗蜜多经》(第二分)卷四〇九(大正七·五〇下)。

② 《大智度论》卷一九(大正二五·一九八上)。

③ 《摩诃般若波罗蜜经》卷一七(大正八·三四五下)。

只是佛以方便假说而已。经上提出不生不灭,不垢不净,不增不减,及非未来等三世,以表示空相。生是生起,是有;灭是灭去,是无,约法体的存在与不存在说。但空相,不可说是有是无;非先无而后有,也非先有而又后无;不生不灭,表示了超越有无、生灭的相对性。垢是杂染,净是清净,约法的性质说。空相,本无所谓杂染与清净的。经上或称为清净,也是佛的方便说,如《大智度论》说:"毕竟空即是毕竟清净,以人畏空,故言清净。"①依方便说,空性也是在缠而不染,出缠而非新得清净的。所以不垢不净,超越了染净的相对性。增是增多,减是减少,约法的数量说。空性无数无量,所以不增不减,超越了增减的相对性。空性是超越时间相的,所以说"非未来,非过去,非现在"。"是空不可说",说空相不生不灭等,还是依超越世俗所作的方便说。空(性)相是这样的,所以接着说:"是空(相)中无色"等五蕴,无十二处,无十八界,无四谛,无十二缘起。"无得无现观",就是《心经》所说的"无智亦无得"。现观是现证智。没有智,没有得,所以"无预流,无预流果;⋯⋯无阿罗汉,无阿罗汉果"——没有声闻乘的四果圣者及所得的四沙门果。无独觉圣者,无证得的独觉菩提;无菩萨(人),无菩萨行;无正等觉(者),无正等觉菩提。三乘人、法,空性中是不可得的。这一段文字,与《心经》的主体部分完全一样,只是《心经》要简略些。如"照见五蕴皆空"到"受、想、行、识亦复如是",与"诸色(等)空,彼非色"到"空即是受、想、行、识"相当。既然"无智无得",有智有得的三

---

① 《大智度论》卷六三(大正二五·五〇八下)。

乘圣者与圣法,当然也不可得而不妨简略了。

　　般若道的实践,是依一切法而观为一切皆空,不离一切而超越一切。如实的体悟,如《大智度论》说:"般若波罗蜜能灭诸邪见、烦恼、戏论,将至毕竟空中。"①唯识宗虽解说不同,而般若真见道时,也是没有任何相可见可得的。菩萨依一切法而深观一切法空,到如实通达时,"一如无二无别","譬如种种色身,到须弥山王边,皆同一色"②。《般若经》所说的"空中无色,……无等正觉等正觉菩提",正是这一意义。

九　法空如幻

　　《般若经》的宗要,是即一切法而超越一切法。超越一切的实义,名为空性、法性等。"是第一义,实无有相,无有分别,亦无言说。"③无有言说,所以一切法不可说;无有相,所以一切法无可示;无有分别,所以一切法不可分别。离名、离相、离分别的"诸法空相",当然是一切不可得的。《般若经》开示菩萨的般若行,教学菩萨行的,应怎样的不著一切,以无所得而能度众生、成佛道。但在世俗心中,不免引起疑惑。在"中本般若"的"后分"中,就不断地提出种种疑问:既然法也不可得,众生也不可得;没有业报,没有道果,没有垢净,没有修证,没有名相;佛与佛法也不可说——那为什么要说? 为什么说有业报,有地狱,……菩

① 《大智度论》卷七一(大正二五·五五六中)。
② 《摩诃般若波罗蜜经》卷二一(大正八·三六九下)。
③ 《摩诃般若波罗蜜经》卷二四(大正八·三九七中)。

萨、佛,有六度……十八佛不共法等差别? 为什么要发心,度众生,庄严佛土,成佛? 在"后分"中,说到哪里,就问到哪里,解说到哪里。一层层的问题,问题的所以成为问题,始终是一样的,也就是名相与无名相间的对立性。《般若经》的解答,还是与修证相应,而不是理论的。经上提出了二谛说,也就是一切言说,一切差别,说修行,说凡说圣,都是依世俗谛说的。如说:"众生(于)无法(中)有法想,我以除其妄著(故说)。世俗法故说有得,非第一义。"①一切言说差别,是不能不是"二"——相对的;为了教化,所以方便地说有二谛,说种种差别是依世俗说的,不是实义。其实,"世谛、第一义谛无异也。何以故? 世谛如即是第一义谛如"②。相对的"二",超越(绝对)的"无二",如《摩诃般若波罗蜜经》卷二一(大正八·三七三下——三七四上)说:

> "诸有二者,是有所得;无有二者,是无所得。……不从有所得中无所得,不从无所得中无所得。须菩提! 有所得无所得平等,是名无所得。"

相对的世俗,是二,是有所得,是众生的取著处。佛说无二、无所得,是一切无所取著的第一义——胜义。但发心修行,要安住无所得;无所得不在有所得中,有所得是有取著的;也不能说在无所得中,如有无所得可得,那是落于相待,不是无所得了。所以菩萨住无所得,以无所得为方便等,是不著有所得而又不著于无所得的。这样,有所得(二)与无所得(无二),无二无别,平

---

① 《摩诃般若波罗蜜经》卷二一(大正八·三七四中)。
② 《摩诃般若波罗蜜经》卷二二(大正八·三七八下)。

等平等,这才是佛说无所得(无二)的意趣所在。当然,称之为无所得,终归是不离假名的方便。

《般若经》广说一切法空,一切法清净,一切法不可得等,意在即一切法而超越一切。空、无所有等,并非什么都没有,也不是一切法外别有涅槃、真如等。所以对于种种疑问,经上每举如幻、如化等譬喻。譬喻,《杂阿含经》就有了,如色如聚沫,受如水泡,想如阳焰,行如芭蕉,识如幻事等①。《般若经》所举的譬喻,先后不一,有"六譬"、"七譬"、"九喻"、"十喻"等。《摩诃般若波罗蜜经·序品》,总列为十喻②。一、幻,二、(阳)焰,三、水中月,四、虚空,五、响,六、揵闼婆城,七、梦,八、影,九、镜中像,十、化。这些譬喻的共通意义是:看也看到,听也听到,明明有这回事,而其实却是没有的,根本没有的。说他空、无所有,却又看得听得分明。试举一容易理解的阳焰来说:地上有水分,经太阳光的照射,化为水汽,在地面流动。远远望去,如一池水,在微波荡漾。口渴的鹿见了,也会跑过去喝,所以或称为"鹿爱"。前方明明有水,微波荡漾,这是大家都见到的。但走到那边,却什么也没有(水汽也是看不到的)。说没有么,远远地望去,还是水波荡漾。这样,以水来说,见到水时,并没有水的生起,不能说是有;过去一看,水没有了,不是水的灭去,也不能说是无。阳焰是这样的不生不灭,非有非无,宛然现有而其实是空的。以阳焰作譬喻,一切法也都这样。进一步说:有水,没有水,由于远处望

---

① 《杂阿含经》卷一〇(大正二·六九上)。《摩诃般若波罗蜜经》卷二〇,也加以引用(大正八·三六七上)。

② 《摩诃般若波罗蜜经》卷一(大正八·二一七上)。

去，或近处察看。阳焰的水，并不是忽而有了，忽而没有，阳焰一直是这样这样的，如如不异。不能说是常住的，可也无所谓生灭。不过这是譬喻，譬喻只能取其譬喻的意义而已。

十种譬喻，可以从种种方面作不同的解说，而主要是：似乎是有，其实是空无所有的。如《大智度论》说："是十喻，为解空法故。""诸法虽空而有分别，有难解空，有易解空，今以（十喻）易解空喻难解空。"①所以，说幻、化等譬喻，是解了一切法空的。后代的瑜伽派，依《解深密经》意而别为解说：虚空是譬喻圆成实性的；幻、化等是譬喻依他起性的；别立空花喻，譬喻遍计所执性。在罗什及以前的《放光》《光赞》，是没有空花喻的。这样，幻、化等是说有而不是空了。然论般若法门的本义，是不宜依据这一别解的。

《般若经》说甚深，一切法都是甚深；说清净，一切法都是清净；说空、无所有，一切法都是空、无所有；说法性，一切法都是法性；说如幻、如化，当然是一切如幻、如化。如《经》说：

> 1."我说众生如幻、如梦，须陀洹果亦如幻、如梦，……辟支佛道亦如幻、如梦。……我说佛法亦如幻、如梦，我说涅槃亦如幻、如梦。……设复有法过于涅槃，我亦说如幻、如梦。诸天子！幻、梦（与）涅槃，无二无别。"

> 2."一切法皆是化。于是法中，有声闻法变化，有辟支佛法变化，有菩萨摩诃萨法变化，有诸佛法变化，有烦恼法变化，有业因缘法变化。以是因缘故，须菩提！一切法皆是

---

① 《大智度论》卷六（大正二五·一〇一下、一〇五下）。

变化。"①

1. 是"下本般若",经文没有简别的,说一切法都如幻、如梦,涅槃也是如幻、如梦的。2. "中本般若"结束时,说到不同层次的一切法,都是如(变)化的。一切法中,有声闻法,发心、修行、证沙门果等;有辟支佛法,是独觉者的发心、修行、证果;有菩萨法,如发菩提心,以般若为导而修六度、四摄,得无生忍,报得神通,庄严净土,成就众生等;有佛法,佛的一切种智,摄得十力、四无所畏、十八佛不共法,大慈大悲,相好庄严等无边功德——以上是圣法。烦恼法,业因缘(感报)法,是五趣流转的凡夫法。凡、圣、迷、悟,这不同层次的一切法,都是如化的。幻、化是似有而空的;空不是什么都没有,如《大智度论》说:"空,不以不见为空,以其无实用故言空。"②幻、化是似有而空的,空是无实而不碍有的;说一切法空,一切法如幻、化,是说明的观点不同,而不是内容的各别对立。这想到了上面曾经说到过的:《般若经》说十八空(或十六空、二十空),而每一种空,都是"非常非坏[灭],何以故? 本性尔故"③。从非常非坏,知一切是空的,是本性如此,不是灭色而说空的。这与论菩提心的因果相续,非常而不灭,是完全相同的。所以,在超越情见的实义中,一切无二无别、无名无相,是众生所不能理解的。众生处处取著,依名著相,形成无休止的生死苦迫,为了破除众生的执见,所以说空、无所有

---

① 1.《小品般若波罗蜜经》卷一(大正八·五四〇下)。2.《摩诃般若波罗蜜经》卷二六(大正八·四一五下)。

② 《大智度论》卷六(大正二五·一〇五中)。

③ 《大般若波罗蜜多经》(第二分)卷四一三(大正七·七三中)。

以表示实义。空不是什么都没有，为了解开众生的迷著，所以又说如幻、化等。方便地说：如幻的就是空——本性空，本性空就是如幻、如化的一切。

《般若经》中，或说"色即是空，空即是色"，也就是"幻不异色，色不异幻"①。或说一切不可说，诸法空相中一切法不可得。似乎说得不同，所以印度传来的，如西藏所传：或"许胜义谛现空双聚，名理成如幻；及许胜义谛唯于现境断绝戏论，名极无所住"②。如依汉传佛学说，"理成如幻"是空有无碍的中道，"极无所住"是真空。然统观《般若经》义，要在即一切法而超越一切。不离一切法而毕竟空寂，表示无生法忍的体悟，这是"有所得无所得平等，是名无所得"③。"无二法、无不二法，即是道，即是果。……平等法中，无有戏论。"④如以方便说相即，而拟议圆融；以方便说不可得，而偏重空寂，怕都可能违失圣道实践的般若宗趣！

① 《小品般若波罗蜜经》卷一（大正八·五三八中）。
② 《菩提道次第广论》卷一七（汉藏教理院刊本二七）。
③ 《摩诃般若波罗蜜经》卷二一（大正八·三七四上）。
④ 《摩诃般若波罗蜜经》卷二六（大正八·四一四中）。

第四章 龙树——中道缘起与假名空性之统一

一 龙树与龙树论

龙树菩萨,对空义有独到的阐扬,为学者所宗仰,成为印度大乘的一大流。在中国,或推尊龙树为大乘八宗的共祖。印度佛教史上,龙树可说是释尊以下的第一人!但龙树的传记极为混乱,主要是《楞伽经》中"证得欢喜地,往生极乐国"的那位龙树,梵语 Nāgāhvaya,应译为龙叫、龙名或龙猛,与 Nāgārjuna——龙树,是根本不同的。多氏《印度佛教史》说:南方阿阇黎耶龙叫(Nāgāhvaya),真实的名字是如来贤(Tathāgata-bhadra),阐扬唯识中道,是龙树的弟子①。月称的《入中论》,引《楞伽经》,又引《大云经》说:"此离车子,一切有情乐见童子,于我灭度后满四百年,转为苾刍,其名曰龙,广宏我教法,后于极净光世界成佛。"②这位本名一切有情乐见的,也是"龙名",月称误以为《中

① 多氏《印度佛教史》(寺本婉雅日译本一三九)。
② "入中论"卷二(汉藏教理院刊本二——三)。

论》的作者龙树了。与《大云经》相当的,昙无谶所译的《大方等无想经》说:"一切众生乐见梨车,后时复名众生乐见,是大菩萨、大香象王,常为一切恭敬供养、尊重赞叹。"①大香象的象,就是"龙"(或译"龙象")。为一切尊重赞叹,也与《楞伽经》的"吉祥大名称"相当。这位龙叫,弘法于(西元三二〇——)旃陀罗崛多时代,显然是迟于龙树的。传说为龙树弟子(?)。那时候,进入后期大乘,如来藏、佛性思想大大地流传起来。

鸠摩罗什译出的《龙树菩萨传》,关于龙树出家修学、弘法的过程,这样说:

"入山,诣一佛塔,出家受戒。九十日中,诵三藏尽,更求异经,都无得处。"

"遂入雪山,山中有塔,塔中有一老比丘,以摩诃衍经典与之。"

"(欲)立师教戒,更造衣服,令附佛法而有小异。"

"大龙菩萨……接之入海。于宫殿中,开七宝藏,发七宝华函,以诸方等深奥经典无量妙法授之。龙树受读,九十日中,通解甚多。……龙树既得诸经一相,深入无生,二忍具足。龙还送出,于南天竺大弘佛法。"

"去此世以来,至今始过百岁。南天竺诸国为其立庙,敬奉如佛。"②

龙树青年出家时,佛像初兴。佛的舍利塔,代表三宝之一的

---

① 《大方等无想经》卷五(大正一二·一一〇〇上)。
② 《龙树菩萨传》(大正五〇·一八四上——一八五中)。

佛,为寺院的主要部分。大乘行者总称佛塔及附属的精舍为塔,声闻行者总称为精舍、僧伽蓝,其实是一样的。所以龙树在佛塔出家,就是在寺院中出家。出家,都是在声闻佛教的各部派寺院中出家,所以先读声闻乘的三藏。其后,又在雪山的某一佛寺中读到了大乘经典。雪山,有大雪山、小雪山,都在印度西北。初期大乘是兴起于南方,而大盛于北方的。北方的大乘教区,是以乌仗那山陵地带为中心,而向东、西山地延伸的;向南而到犍陀罗①。《小品般若经》说:"后五百岁时,般若波罗蜜当广流布北方。"②晚出的萨陀波崙求法故事,众香城就是犍陀罗。众香城主,深入大乘,书写《般若经》恭敬供养,可看出大乘在北方的盛况。龙树在雪山佛寺中读到大乘经,是可以论定为史实的。

龙树有"立师教戒,更造衣服"的企图。我以为,问题是大乘佛教虽离传统的声闻佛教独立开展,但重法而轻律仪,所以大乘的出家者还是在部派中出家受戒,离不开声闻佛教的传统,这是龙树想别立大乘僧团的问题所在。可能为了避免净执,或被责为叛离佛教,这一企图终于没有实现。在传说中,说他有慢心,那是不知佛教实况的误会。

龙树入龙宫取经,传说极为普遍。龙树在龙宫中,读到更多的大乘经,"得诸经一相","一相"或作"一箱"。所得的经典,传说与《华严经》有关。我曾有《龙树龙宫取经考》③,论证为:龙树取经处,在乌荼,今奥里萨地方。这里,在大海边,传说是婆

---

① 拙作《初期大乘佛教之起源与开展》(四五四,本版三八八)。
② 《小品般若波罗蜜经》卷四(大正八·五五五中)。
③ 《龙树龙宫取经考》(《佛教史地考论》二一一——二二一,本版一四一——一四七)。

楼那龙王往来的地方。这里有神奇的塔,传说是龙树从龙宫得来的。这里是《华严经·入法界品》善财童子的故乡,有古塔庙。所以龙树于龙宫得经,应有事实的成分,极可能是从龙王的祠庙中得来的。后来龙叫七次入海的传说,也只是这一传说的夸张。乌荼,在(东)南印度,当时属于安达罗的娑多婆诃王朝。龙树在南印度弘法,受到娑多婆诃王朝某王的护持,汉译有《龙树菩萨劝诫王颂》(共有三种译本),名为《亲友书》,就是寄给娑多婆诃国王的。依多氏《印度佛教史》,龙树也在中印度弘法。从龙树在雪山区佛寺中研读大乘,对北方也不能说没有影响。总之,龙树弘法的影响是遍及全印度的。依《大唐西域记》,龙树晚年住在国都西南的跋罗末罗山,也就在此山去世。

《龙树菩萨传》说:"去此世以来,始过百岁。"依此,可约略推见龙树在世的年代。《传》是鸠摩罗什于西元五世纪初所译的,罗什二十岁以前,学得龙树学系的《中》、《百》、《十二门论》。二十岁以后,长住在龟兹。前秦建元"十八年九月,(苻)坚遣骁骑将军吕光,……西伐龟兹及乌耆"。龟兹被攻破,罗什也就离龟兹,到东方来①。建元十八年,为西元三八二年。《龙树传》的成立,一定在三八二年以前,那时,龙树去世,"始过百年",已有一百年了。所以在世的时代,约略为西元一五〇——二五〇年,这是很寿长了。后来传说"六百岁"等,那只是便于那些后代学者自称亲从龙树受学而已。

龙树的著作,据《龙树传》说:"广明摩诃衍,作优波提舍十

---

① 《高僧传》卷二(大正五〇·三三一中)。

万偈。又作庄严佛道论五千偈,大慈方便论五千偈,中论五百偈,令摩诃衍教大行于天竺。又造无畏论十万偈,中论出其中。"①西藏所传,《中论》释有《无畏论》,或说是龙树的自释:"造无畏论十万偈,中论出其中",就是依此传说而来的。龙树寿很高,大乘佛教由此而大大的发扬,有不少著作,论理是当然的,现依汉译者略说。

龙树的论著,可分为三类:一、西藏传译有《中论》(颂)、《六十颂如理论》、《七十空性论》、《回诤论》、《大乘破有论》,称为五正理聚。汉译与之相当的,1.《中论》颂释,有鸠摩罗什所译的青目释《中论》;唐波罗颇迦罗蜜多罗所译,分别明(清辨)所造的《般若灯论》;赵宋惟净所译,安慧所造的《大乘中观释论》——三部。2.后魏毗目智仙与瞿昙(般若)流支共译的《回诤论》。3.宋施护所译的《六十颂如理论》。4.《大乘破有论》。5.《七十空性论》,法尊于民国三十三年(?)在四川汉藏教理院译出。这五部,都是抉择甚深义的。鸠摩罗什所译的《十二门论》、瞿昙般若流支译的《壹输卢迦论》,都属于抉择甚深义的一类。二、属于菩萨广大行的有三部:1.《大智度论》,鸠摩罗什译,为"中本般若"经的释论。僧睿《序》说:"有十万偈,……三分除二,得此百卷。"②《论》的后记说:"论初品三十四卷,解释(第)一品,是全论具本,二品以下,法师略之,……若尽出之,将十倍于此。"③这部《般若经》的释论,是十万偈的广论,现存的是

---

①　《龙树菩萨传》(大正五〇·一八四下)。

②　《摩诃般若波罗蜜经释论序》(大正二五·五七中)。

③　《大智度论》(大正二五·七五六下)。

略译。有的说:这就是《龙树菩萨传》所说"广明摩诃衍,作优波提舍十万偈"。2.《十住毗婆沙论》,鸠摩罗什译。这是《十地经》——《华严经·十地品》的释论,共一七卷,仅释初二地。此论是依《十地经》的偈颂,而广为解说的。3.《菩提资粮论》,本颂是龙树造,隋达摩笈多译。三、唐义净译的《龙树菩萨劝诫王颂》,异译有宋僧伽跋摩的《劝发诸王要偈》、宋求那跋摩的《龙树菩萨为禅陀迦王说法要偈》。这是为在家信者说法,有浅有深,有事有理,自成一例。

　　西藏所传的,是后期中兴的龙树学。在佛教史上,龙树与弟子提婆以后,龙树学中衰,进入后期大乘时代①。到西元四、五世纪间,与无著、世亲同时的僧护门下,有佛护与清辨,龙树学这才又盛大起来。后期的龙树学,以"一切法皆空"为了义说,是一致的,但论到世俗的安立,不免是各说各的。如佛护的弟子月称,是随顺说一切有部的;清辨是随顺经部的;后起的寂护,是随顺大乘瑜伽的。世俗安立的自由择取,可说适应的不同,也表示了无所适从。这由于后期的龙树学者,只知龙树所造的《中论》等五正理聚,但五正理聚抉择甚深空义,而略于世俗的安立。龙树为大乘行者,抉择甚深空义,难道没有论菩萨广大行吗!西元四、五世纪间,由鸠摩罗什传来的,有《般若经》(二万二千颂本)的释论——《大智度论》、《华严经·十地品》的释论——《十住

----

　　① 中国旧传:提婆的弟子罗睺罗跋陀罗,"以常乐我净释八不",显然已倾向于《大般涅槃经》(前分)的"如来藏我"了。西藏传说:罗睺罗跋陀罗弟子,有罗睺罗密多罗,再传弟子龙友,龙友的弟子僧护。西元三世纪末以下,约有一百年,龙树学是衰落了;虽说传承不绝,实没有卓越的人物,中国佛教界竟不知他们的名字。

毗婆沙论》。这两部龙树论,是在甚深义的基石上,明菩萨广大行;对于境、行、果,都有所解说,特别是声闻与菩萨的同异。龙树曾在北方修学,《大智度论》说到声闻学派,特重于说一切有系。龙树学与北方(声闻及大乘般若)佛教的关系极深,弘传于北方,很早就经西域而传入我国。北印度的佛教,渐渐地衰了。后起的佛护、清辨,生于南方,在中印度学得中观学,又弘传于南方,所以西藏所传的后期中观学,竟不知道《大智度论》等。世俗安立,也就不免无所适从了!近代的部分学者,由于西藏没有《大智度论》,月称、清辨等没有说到《大智度论》等,而《大智度论》论文也有几处可疑,因此说《大智度论》不是龙树造的。我以为,简译全书为三分之一的《大智度论》,是一部十万偈的大论。《大智度论》的体例,如僧睿《序》所说:"其为论也,初辞拟之,必标众异以尽美;卒成之终,则举无执以尽善。"①这与《大毗婆沙论》的体例"或即其殊辩,或标之铨评"②,非常近似。这样的大部论著,列举当时(及以前)的论义,在流传中自不免有增补的成分,与《大毗婆沙论》的集成一样。如摭拾几点,就怀疑全部不是龙树论,违反千百年来的成说,那未免太轻率了!无论如何,这是早期的龙树学。

二 《中论》与《阿含经》

论书,有"释经论"、"宗经论"。释经论,是依经文次第解说

① 《摩诃般若波罗蜜经释论序》(大正二五·五七上)。
② 《出三藏记集》卷一〇(大正五五·七四上)。

的。有的以为：如来应机说法，所集的经不一定是一会说的，所以不妨说了再说，也不妨或浅或深。有的以为：如来是一切智人，说法是不会重复的，所以特重先后次第。《大智度论》与《十住毗婆沙论》，是释经论而属于前一类型的，有南方（重）经师的风格，与（重）论师所作的经释，如无著的释经论，体裁不同。宗经论，是依一经或多经而论究法义，有阿毗达磨传统的，都是深思密察，审决法义，似乎非此不可。《中论》是宗经论，但重在抉择深义。其实，论书还有"观行论"一类，以观行（止观）为主。《中论》二十七品，每品都称为"观"，所以古称《中论》为中观。如僧肇《物不迁论》说："中观云：观方知彼去，去者不至方。"①《中论》是宗经论，以观行为旨趣，而不是注重思辨的。龙树所学，综贯南北、大小，而表现出独到的立场。现在论究龙树的空义，以《中论》为主，这是后期中观学者所共通的；以《大智度论》等为助，说明《中论》所没有详论的问题。

　　《中论》开宗明义是："不生亦不灭，不常亦不断，不一亦不异，不来亦不出。能说是因缘，善灭诸戏论。"②《中论》所要论的，是因缘（新译为缘起），是八不的缘起。八不的缘起，就是中道。八不缘起的含义，可说与《般若经》相同；而以缘起为论题，以八不来阐明，却不是《般若经》的。我以为："《中论》是《阿含经》的通论，是通论《阿含经》的根本思想，抉择《阿含经》的本意所在。""《中论》确是以大乘学者的立场，确认缘起、空、中道为佛法的根本深义。……抉发《阿含》的缘起深义，将佛法的正

－－－－－－－－－－

① 《肇论》（大正四五·一五一上）。
② 《中论》卷一（大正三〇·一中）。

见,确树于缘起中道的磐石。"①这一理解,我曾广为引证,但有些人总觉得《中论》是依《般若经》造的。这也难怪! 印度论师——《顺中论》、《般若灯论》等,已就是这样说了。我也不是说《中论》与《般若经》无关,而是说:龙树本着"般若法门"的深悟,不如有些大乘学者以为大乘别有法源,而肯定为佛法同一本源。不过一般声闻学者偏重事相的分别,失去了佛说的深义。所以就《阿含经》所说的,引起部派异执的,一一加以遮破,而显出《阿含经》的深义,也就通于《般若》的深义。从前所论证过的,现在再叙述一下②:

一、《中论》的归敬颂,明八不的缘起。缘起是佛法不共外道的特色,缘起是离二边的中道。说缘起而名为"中"(论),是《阿含》而不是《般若》。中道中,不常不断的中道,如《杂阿含经》说:"自作自觉[受],则堕常见;他作他觉[受],则堕断见。义说、法说,离此二边,处于中道而说法,所谓此有故彼有,此起故彼起……"③不一不异的中道,如《杂阿含经》说:"若见言命即是身,彼梵行者所无有;若复见言命异身异,梵行者所无有。于此二边,心所不随,正向中道,贤圣出世如实不颠倒正见,谓缘生老死,……缘无明故有行。"④不来不出的中道,如《杂阿含经》说:"眼生时无有来处,灭时无有去处。……除俗数法,俗数法

---

① 拙作《中观今论》(一八,二四,本版一三——一四、一七)。

② 参阅拙作《中观今论》(一八——二三,本版一三——一七)。《中观论颂讲记》(四三——四六,本版二八——三○)。

③ 《杂阿含经》卷一二(大正二·八五下)。

④ 《杂阿含经》卷一二(大正二·八四下)。

者,谓此有故彼有,此起故彼起。"①中道的不生不灭,《阿含经》
约无为——涅槃说②。涅槃是苦的止息、寂灭,在《阿含经》中,
是依缘起的"此无故彼无,此灭故彼灭"而阐明的。以八不说明
中道的缘起说,渊源于《杂阿含经》说,是毋庸怀疑的!

　　二、《中论》所引证的佛说,多出于《阿含经》。1.《观本际
品》说"大圣之所说,本际不可得",出于《杂阿含经》说:"无始
生死,……长夜轮回,不知苦之本际。""无始生死"的经说,龙树
引归"何故而戏论,谓有生老死"的空义③。2.《观行品》说:"如
佛经所说,虚诳妄取相。"以有为诸行,由妄取而成的虚诳[妄],
以涅槃为不虚诳;龙树解说为:"佛说如是事,欲以示空义。"④
3.《观有无品》说:"佛能灭有无,于化迦旃延,经中之所说,离有
亦离无。"此出于《杂阿含经》说:"世间有二种依,若有、若
无。……世间集如实正知见,若世间无者不有(离无);世间灭
如实正知见,若世间有者无有(离有):是名离于二边,说于中
道。"⑤离有无二边的缘起中道,为《中论》重要的教证。4.《观
四谛品》说:"世尊知是法,甚深微妙相,非钝根所及,是故不欲
说。"这如《增一阿含经》说:"我今甚深之法,难晓难了,难可觉
知,……设吾与人说妙法者,人不信受,亦不奉行。……我今宜

---

　　①　《杂阿含经》卷一三(大正二·九二下)。
　　②　《杂阿含经》卷一二(大正二·八三下)。
　　③　《中论》卷二(大正三○·一六上、中)。《杂阿含经》卷一○(大正二·六
九中)。
　　④　《中论》卷二(大正三○·一七上)。
　　⑤　《中论》卷三(大正三○·二○中)。《杂阿含经》卷一二(大正二·八五
下)。

可默然,何须说法。"①各部广律,在梵天请法前,也有此"不欲说法"的记录。5.《观四谛品》说:"是故经中说:若见因缘法,则为能见佛,见苦集灭道",如《稻芉经》说②。见缘起即见法(四谛),如《中阿含·象迹喻经》说③。6.《观涅槃品》说:"如佛经中说:断有断非有。"这是《杂阿含经》说:"尽、离欲、灭、息、没已,有亦不应说,无亦不应说。……离诸虚伪[戏论],得般涅槃,此则佛说。"④

三、《中论》凡二十七品。"青目释"以为:前二十五品"以摩诃衍说第一义道",后二品"说声闻法入第一义道"⑤。《无畏论》也这样说。然依上文所说,缘起中道的八不文证,及多引《阿含经》说,我不能同意这样的判别。《中论》所观所论的,没有大乘法的术语,如菩提心、六波罗蜜、十地、庄严佛土等,而是《阿含》及"阿毗达磨"的法义。《中论》是依四谛次第的,只是经大乘行者的观察,抉发《阿含经》的深义,与大乘深义相契合而已。这不妨略为分析:一、《观(因)缘品》观缘起的集无所生,《观去来品》观缘起的灭无所去。这二品,观缘起的不生(不灭)、(不来)不去,总观八不的始终;以下别观。二、《观六情品》《观五阴品》《观六种[界]品》,即观六处、五蕴、六界,论究世间——苦的中道。三、《观染染者品》,观烦恼法;《观三相

① 《中论》卷四(大正三〇·三三上)。《增一阿含经》卷一〇(大正二·五九三上——中)。
② 《中论》卷四(大正三〇·三四下)。《佛说稻芉经》(大正一六·八一六下)。
③ 《中阿含经》(三〇)《象迹喻经》(大正一·四六七上)。
④ 《中论》卷四(大正三〇·三五中)。《杂阿含经》卷九(大正二·六〇上)。
⑤ 《中论》卷四(大正三〇·三六中)。

品》,观有为——烦恼所为法的三相。《观作作者品》、《观本住品》、《观然可然品》,明作者、受者不可得。与上二品合起来,就是论究惑招生死、作即受果的深义。四、《观本际品》,明生死本际不可得。《观苦品》,明苦非自、他、共、无因作,而是依缘生。《观行品》,明诸行的性空。《观合品》,明三和合触的无性。《观有无品》,明缘起法非有非无。《观缚解品》,从生死流转说到还灭,从生死系缚说到解脱。《观业品》,更是生死相续的要事。从《观染染者》以来,共十二品,论究世间集的中道。五、《观法品》,明"知法入法"的现观。六、《观时品》、《观因果品》、《观成坏品》,明三世、因果与得失,是有关修证的重要论题。七、《观如来品》,明创觉正法者。八、《观颠倒品》,观三毒、染净、四倒的无性。《观四谛品》,明所悟的谛理。《观涅槃品》,观涅槃无为、无受的真义。从《观法品》到此,论究世间集灭的中道。九、《观十二因缘品》,正观缘起。《观邪见品》,远离邪见。这二品,论究世间灭道的中道。

《中论》与《阿含经》的关系,明确可见。但《阿含》说空,没有《中论》那样的明显,没有明说一切法空。说种种空,说一切法空的,是初期大乘的《般若经》。《般若经》说空,主要是佛法的甚深义,是不退菩萨所悟入的,也是声闻圣者所共的。《阿含经》说法的方便,与《般若经》有差别,但以空寂无戏论为归趣,也就是学佛者的究极理想,不可说是有差别的。龙树的时代,佛法因不断发展而已分化成众多部派,部派间异见纷纭,莫衷一是。《中论》说:"若人说有我,诸法各异相,当知如是人,不得佛法味!""浅智见诸法,若有若无相,是则不能见,灭见安隐法。"①声闻各部派，或说有我有法，或说我无法有；或说一切法有，或说部分有而部分无。这样的异见纷纭，与《阿含经》义大有距离了！所以《中论》引用《阿含经》说，抉择遮破各部派（及外道）的妄执，显示佛法的如实义。如（第十八）《观法品》，法是圣者所觉证的②。《观法品》从观"无我我所"而契入寂灭，正是《阿含经》义。品末说："不一亦不异，不常亦不断，是名诸世尊，教化甘露味。若佛不出世，佛法已灭尽，诸辟支佛智，从于远离生。"③上一偈总结声闻法，下一偈是出于无佛世的辟支佛，二乘圣者都是这样悟入法性的。所以，或以为前二十五品明大乘第一义，后二品明声闻第一义，是我所不能赞同的。又如（第二十四）《观四谛品》说："以有空义故，一切法得成；若无空义者，一切则不成。"④依空而能成立的一切法，出世法是四谛——法，四果——僧，佛，也就是三宝；世间法是生死的罪福业报。总之，依《阿含经》说，遮破异义，显示佛说的真义，确是《中论》的立场。当然这不是说与大乘无关，而是说：《中论》阐明的一切法空为一切佛法的如实义，通于二乘；如要论究大乘，这就是大乘的如实义，依此而广明大乘行证。所以，龙树本着大乘的深见，抉择《阿含经》（及"阿毗达磨论"）义，而贯通了《阿含》与《般若》等大乘经。如佛法而确有"通教"的话，《中论》可说是典型的佛法通论了！

---

①　《中论》卷二（大正三○·一五下），又卷一（大正三○·八上）。

②　《中论·观法品》，汉译《般若灯论》与《大乘中观释论》，品名相同；而西藏所传，月称注本作"观我品"，无畏等作"观我法品"，"法"的古义，有些人是忘失了！

③　《中论》卷三（大正三○·二四上）。

④　《中论》卷四（大正三○·三三上）。

三　《中论》之中心思想

《中论》所要阐明的,是中道的缘起。《论》初的归敬偈,就充分地表示了,如说:"不生亦不灭,不常亦不断,不一亦不异,不来亦不出:能说是因缘[缘起],善灭诸戏论,我稽首礼佛,诸说中第一。"①佛所开示的教法,在世间一切学说中,是最上第一的。佛说的所以最上第一,不是别的,是佛说的因缘——缘起说。佛依缘起说法,能离一切戏论而寂灭,这是不共世间学的,所以说"能说是因缘,善灭诸戏论"。缘起为佛法宗要,是各部派所公认的,但解说不一。龙树所要阐扬的,是不生不灭等"八不"的缘起,也就是中道的缘起。《杂阿含经》所说"处中说法"、"宣说中道",就是不落二边——一见、异见、常见、断见等的缘起。阐明不落二边的缘起,所以名为《中论》。

中道的缘起说,为佛法宗要。阐明这一要义,龙树是通过空义而显扬出来的,如说:

1."由一切诸法,自性皆是空,诸法是缘起,无等如来说。"

2."诸说空、缘起、中道为一义:无等第一语,敬礼如是佛。"②

---

① 《中论》卷一(大正三〇·一中)。
② 《菩提道次第广论》卷一七所引(汉藏教理院刊本三二上)。毗目智仙等所译《回诤论》,作"空自体因缘、三一中道说,我归命礼彼,无上大智慧"(大正三二·一五上)。

1.是《七十空性论》,明一切法是空,一切法是缘起。2.是《回诤论》,列举了空、缘起、中道三名,而表示为同一内容。这两部龙树论,都表示了空与缘起的关系。说得更完备的,如《中论》卷四(大正三〇·三三中)说:

"众因缘生法,我说即是空,亦为是假名,亦是中道义。
未曾有一法,不从因缘生,是故一切法,无不是空者。"

缘起法为什么是离二边的中道?因为缘起法是空的。在《阿含经》中,空是无我我所,也就是离我见、我所见的。假名——施设,虽也是《阿含经》所说过的,但显然由于部派的论究而发展;为了《般若经》的一切但是假名,所以《中论》将缘起、空、假名、中道统一起来。不过龙树学的宗要,说空说假名,而重点还是中道的缘起说。空以离一切见为主,与离二边见的中道相同,所以在缘起即空、即假、即中道下,接着说:"未曾有一法,不从因缘生,是故一切法,无不是空者。"结归于一切空,也就是归于中道。龙树依中道的缘起说,论破当时各部派(及外道)的异见;着重离见的空——中道,正是《阿含》与《般若经》义。如来说法,宗趣在此,所以《中论》结赞说:"瞿昙大圣主,怜愍说是法,悉断一切见,我今稽首礼。"①

以下,依缘起、假名、空、中道,一一地分别加以论究。

---

① 《中论》卷四(大正三〇·三九中)。

四　缘起——八不缘起

《中论》依缘起而明即空的中道。空是离诸见的,"下本般若"确是这样说的:"以空法住般若波罗蜜,……不应住色若常若无常,……若苦若乐,……若净若不净,……若我若无我,……若空若不空(受等同此说)。"①但经文说空,多约涅槃超越说,或但名虚妄无实说。依缘起说中道,"下本般若"末后才说到,如《小品般若波罗蜜经》卷九(大正八·五七八下)说:

> "须菩提! 般若波罗蜜无尽,(如)虚空无尽故,般若波罗蜜无尽。……色无尽故,是生般若波罗蜜;受、想、行、识无尽故,是生般若波罗蜜。须菩提! 菩萨坐道场时,如是观十二因缘,离于二边,是为菩萨不共之法。"

《阿含经》说,佛是顺逆观十二缘起而成佛的。"下本般若"末后,正是说明菩萨坐道场,得一切智(智)的般若正观。不落二边(中道)的缘起,《般若经》说是"如虚空不可尽"。但如虚空不可尽,经上也约五蕴、十二处等说,所以不能说是以缘起来阐明中道,因为在《般若经》的历法明空中,缘起与蕴、处、界、谛、道品等一样,只是种种法门的一门而已。

中道的缘起说,出于《杂阿含经》。《阿含经》是以因缘来明一切法,作为修行解脱的正见。经中的用语并不统一:或说因;

---

① 《小品般若波罗蜜经》卷一(大正八·五四〇中)。

或说缘；或双举因缘，如说"二因二缘，起于正见"①；或说四名，
"何因、何集、何生、何转（生起义）"②。这些名词，是同一意义
的异名。当然，名字不同，在文字学者解说起来，也自有不同的
意义。因缘，原是极复杂的，所以佛弟子依经义而成立种种因缘
说。如南传赤铜鍱部《发趣论》的二十四缘；流行印度本土的分
别说系《舍利弗阿毗昙论》的十因十缘；说一切有部《发智论》的
六因四缘；大众部也立"先生、无有等诸缘"③。在不同安立的种
种缘中，因缘、次第缘、（所）缘缘、增上缘——四缘，最为先要，
也是《般若经》与龙树论所说的。此外，《杂阿含经》提到了缘起
与缘生（或译"缘所生"、"缘已生"）④，同时提出而分别解说，当
然是有不同意义的，如《阿毗达磨法蕴足论》卷一一引经（大正
二六·五〇五上）说：

> "云何缘起？谓依此有（故）彼有，此生故彼生，谓无明
> 缘行，……如是便集纯大苦蕴。苾刍当知！生缘老死，若佛
> 出世，若不出世，如是缘起，法住、法界。……乃至无明缘
> 行，应知亦尔。"

> "云何名为缘已生法？谓无明、行、识、名色、六处、触、
> 受、爱、取、有、生、老死，如是名为缘已生法。苾刍当知！老
> 死是无常，是有为，是所造作，是缘已生，尽法，没法，离法，

----

① 《增一阿含经》（一五）"有无品"（大正二·五七八上）。
② 《杂阿含经》卷二（大正二·一四上）。
③ 《般若灯论》卷一（大正三〇·五五上）。
④ 《杂阿含经》卷一一（大正二·八四中——下）。《相应部》（一二）"因缘相
应"（南传一三·三六——三八）。

灭法。生……无明亦尔。"

　　缘起与缘生,同样的是无明、行等十二支,而意义却显然不同。缘生法,是无常灭尽的有为法,是缘已生——从缘所生的果法。而缘起,是佛出世也如此,佛不出世也如此的。"法住法界",是形容缘起的。《相应部》经作"法定、法住,即缘性"①。缘性,或译为相依性。《法蕴足论》所引经,下文还说到:"此中所有法性、法定、法理、法趣,是真、是实、是谛、是如,非妄、非虚、非倒、非异。"②这些缘起的形容词,使大众部一分及化地部等说:缘起是无为③。《舍利弗阿毗昙论》也这样说。这是离开因果事相,而论定为永恒不变的抽象理性。然依《杂阿含经》,佛为须深所说,缘起应该是不能说是无为的。《杂阿含经》卷一四(大正二·九七中——下)说:

　　　"须深!于意云何?有生故有老死,不离生有老死耶?须深答曰:如是,世尊!有生故有老死,不离生有老死。如是生,……有无明故有行,不离无明而有行耶?须深白佛:如是,世尊!有无明故有行,不离无明而有行。"

　　　"佛告须深:无生故无老死,不离生灭而老死灭耶?须深白佛言:如是,世尊!无生故无老死。不离生灭而老死灭。如是乃至无无明故无行,不离无明灭而行灭耶?须深白佛:如是,世尊!无无明故无行,不离无明灭而行灭。"

---

①　《相应部》(一二)"因缘相应"(南传一三·三六)。
②　《阿毗达磨法蕴足论》卷一一(大正二六·五〇五上)。
③　《异部宗轮论》(大正四九·一五下、一七上)。

"佛告须深：作如是知、如是见者，为有离欲恶不善法，乃至身作证具足住不？须深白佛：不也，世尊！佛告须深：是名先知法住，后知涅槃。"

须深出家不久，听见有些比丘们说"生死已尽，……自知不受后有"，却不得禅定①，是慧解脱阿罗汉。须深听了，非常疑惑。佛告诉他："彼先知法住，后知涅槃。"慧解脱阿罗汉没有深定，所以没有见法涅槃的体验，但正确而深刻地知道："有无明故有行，不离无明而有行"；"无无明故无行，不离无明灭而行灭"（余支例此）。这是正见依缘起灭的确定性——法住智，而能得无明灭故行灭，……生灭故老死灭的果证。这样的缘起——依缘而有无、生灭的法住性，怎能说是无为呢！又如《长阿含》的《大缘方便经》，说一切有部编入《中阿含》，名《大因经》，也就是《长部》的《大缘经》。经文说明"缘起甚深"，而被称为 nidāna——尼陀那，尼陀那就是"为因、为集、为生、为转"的"因"。从这些看来，缘起是不能说为无为的。所以说一切有部等，不许"有别法体名为缘起，湛然常住"②，而是"无明决定是诸行因，诸行决定是无明果"③。如经中说缘起是法住，法住是安住的，确立而不可改易；缘起是法定，法定是决定而不乱的；缘起是法界，界是因性（缘性）。这样，缘起与缘生，都是有为法，差别在：缘起约因性说，缘生约果法说。缘起是有为，在世俗的

---

① 《相应部》（一二）"因缘相应"，"不得禅定"作"不得五通"。通是依禅定而发的，所以虽所说各别而大义相合（南传一三·一七六——一七九）。

② 《阿毗达磨俱舍论》卷九（大正二九·五〇中）。

③ 《阿毗达磨大毗婆沙论》卷二三（大正二七·一一六下）。

说明中,龙树论显然是与说一切有部相同的。依我的理解,如来或说因,或说缘等,只是说明依因缘而有(及生),也就依因缘而无(及灭),从依缘起灭,阐明生死集起与还灭解脱的定律。如马胜为舍利弗说偈:"诸法从缘起,如来说是因,彼法因缘尽,是大沙门说。"①"诸法从缘起",《四分律》作"若法所因生",与《赤铜鍱部律》相合;《五分律》作"法从缘生";《智度论》译为"诸法因缘生"②。所说正是缘起的集与灭,除《根本说一切有部律》(《智度论》的"诸法因缘生",可能为缘起的异译)以外,分别说系律都没有说是"缘起",可见本来不一定非说缘起不可的。为了阐明起灭依缘,缘性的安住、决定性,才有缘起与缘生的相对安立,而说"缘起甚深"。阿毗达磨论师着重于无明、行等内容的分别,因、缘的种种差别安立,而起灭依于因缘的定律,反而渐渐被漠视了!

"下品般若"说到了缘起甚深,如《小品般若波罗蜜经》卷七(大正八・五六七上——中)说:

> "如然灯时,……非初焰烧,亦不离初焰;非后焰烧,亦不离后焰。……是(灯)炷实燃。"

> "是因缘法甚深!菩萨非初心得阿耨多罗三藐三菩提,亦不离初心得;非后心得阿耨多罗三藐三菩提,亦不离后心而得阿耨多罗三藐三菩提。"

---

① 《根本说一切有部毗奈耶出家事》卷二(大正二三・一〇二七下)。
② 《四分律》卷三三(大正二二・七九八下)。《赤铜鍱部律・大品》(南传三・七三)。《五分律》卷一六(大正二二・一一〇中)。《大智度论》卷一一(大正二五・一三六下)。

"是因缘法甚深",玄奘译为"如是缘起理趣甚深"。在《阿含经》中,缘起是约众生生死的起灭说,身外的一切也被解说为缘起,所以立"内缘起"及"外缘起",如《稻芉经》与《十二门论》所说①。以无明、行等生灭说缘起,是有支的缘起;圣道的修行得果,如所引的《般若经》说,可说是圣道的缘起。佛法,达到了一切依缘起的结论。菩萨是发菩提心,修菩提行,得阿耨多罗三藐三菩提果的。但发心、修行在前,得菩提果在后,前心、后心不能说是同时的,那怎么能依因行(前心)而得后心的果呢?经上举如火焰烧灯炷的比喻,来说明缘起的甚深。得阿耨多罗三藐三菩提,不能说是(因行)前心;也不离前心,没有修行的前心,是不可能得果的。不能说是后心,如只是后心一念,哪里能得果?当然也不能离后心而得果。这样,前心、后心的不即不离,依行得果,是缘起的因果说。《般若经》文,接着说"非常非灭"的意义。这里,约如幻的因果说缘起,缘起即空(空的定义是"非常非灭"),可从统贯全经而抉发出来。不过,在文句繁广的《般若经》中,这样的缘起深义的明文,只是这样的一点而已!

龙树以缘起显示中道,肯定地表示缘起法为超胜世间、能得涅槃解脱的正法,如《中论》卷三(大正三〇·二四上)说:

> "若法从缘生,不即不异因,是故名实相,不断亦不常。
> 不一亦不异,不常亦不断,是名诸世尊,教化甘露味。"

从缘所生的,是果法,果法不即是因(不一),也不异于因

---

① 《大乘稻芉经》(大正一六·八二四上)。《十二门论》(大正三〇·一五九下——一六〇上)。

（不异）。果法并不等于因，所以不是常的；但果不离因，有相依不离的关系，所以也就不断。不一不异，不常不断，是一切法的如实相。约教法说，那是如来教化众生，能得甘露味——涅槃解脱味的不二法门。依缘起法说不一不异，不常不断，是《阿含经》所说的。一切法是缘起的，所以龙树把握这缘起深义，阐明八不的缘起，成为后人所推崇的中观派。

佛说的缘起，是“诸说中第一”，不共世间（外道等）学的。但佛教在部派分化中，虽一致地宣说缘起，却不免著相推求，缘起的定义也就异说纷纭了。大都着重依缘而生起，忽略依缘而灭无。不知“此有故彼有，此生故彼生”，固然是缘起；而“此无故彼无，此灭故彼灭”，也还是缘起。《杂阿含经》正是这样说：“有因有缘集世间，有因有缘世间集；有因有缘灭世间，有因有缘世间灭。”①佛的缘起说，是通于集与灭的。这不妨略论缘起的意义。缘起是佛法特有的术语，应该有它的原始意义。但原义到底是什么？由于“一字界中有多义故”，后人都照着自宗的思想，作出不同的解说。佛教界缘起“字义”的论辩，其实是对佛法见解不同的表示。如《大毗婆沙论》师列举了不同的五说，却没有评定谁是正义②。世亲《俱舍论》的正义是：“由此有法，至于缘已，和合升起，是缘起义。”又举异说：“种种缘和合已，令诸行法聚集升起，是缘起义。”③依称友的论疏，异说是经部师室

① 《杂阿含经》卷二（大正二·一二下）。
② 《阿毗达磨大毗婆沙论》卷二三（大正二七·一一七下——一一八上）。
③ 《阿毗达磨俱舍论》卷九（大正二九·五〇中、下）。

利罗多所说①。《顺正理论》的正义是："缘现已合,有法升起,是缘起义。"②清辨的《般若灯论》说:"种种因缘和合(至、会)得起,故名缘起。"③《中论》的月称释《明显句论》,与世亲《俱舍论》说相同④。觉音的《清净道论》,也有对缘起的解说⑤。鸠摩罗什早期传来我国的龙树学,缘起的字义,极可能是"种种因缘和合而起"。如著名的"空假中偈",原语缘起,译作"众缘所生法"(罗什每译作"因缘生法")。在《大智度论》中,"众缘和合假称","众法和合故假名"⑥,"因缘和合生",更是到处宣说。"众缘和合生",似乎与《般若灯论》说相近。其实,文字是世俗法,含义有随时随地变化的可能。龙树的"缘起"字义,是探求原始的字义而说? 还是可能受到当时当地思想的影响? 或参综一般的意见,而表达自己对佛说"缘起"的见解呢? 我以为,论究龙树的缘起,从缘起的字义中去探讨是徒劳的。从龙树论去理解,龙树学是八不中道的缘起论。中道的缘起说,不落两边,是《阿含》所固有的。通过从部派以来,经大乘《般若》而大成的——"空性"、"假名"的思想开展,到龙树而充分显示即空、即假的缘起如实义(所以名为《中论》)。一切是缘起的:依缘起而世间集,依缘起而世间灭。《相应部》说:缘起"是法定、法确立(住),即相依性"⑦。相依性,或译"缘性"、"依缘性"。《杂阿含

---

① 山口益、舟桥一哉共著《俱舍论之原典解明》所引(二一五)。

② 《阿毗达磨顺正理论》卷二五(大正二九·四八一上)。

③ 《般若灯论》卷一(大正三〇·五一下)。

④ 山口益译《中论释》一(七)。

⑤ 《清净道论》(南传六四·一五六——一六三)。

⑥ 《大智度论》卷三五(大正二五·三一八中)。

⑦ 《相应部》"因缘相应"(南传一三·三七)。

经》与之相当的,是"此法常住、法住、法界"①。界也是因义,与"依缘性"相当。所以如通泛地说,缘起是"依缘性"。一切是缘起的,即一切依缘而施设。

《中论》等遮破外道,更广破当时的部派佛教,这因为当时佛教部派都说缘起而不见缘起的如实义,不免落于二边。近代的学者,从梵、藏本《中论》等去研究,也有相当的成就,但总是以世间学的立场来论究,着重于论破的方法——逻辑、辨证法,以为龙树学如何如何。不知龙树学只是阐明佛说的缘起,继承《阿含经》中不一不异(不即不离)、不常不断、不来不去、不生不灭(不有不无)的缘起;由于经过长期的思想开展,说得更简要、充分、深入而已。如《杂阿含经》否定外道的自作、他作、自他共作、非自非他的无因作——四作,而说"从缘起生"②。《中论》的《观苦品》,就是对四作的分别论破③。一切法从缘起生,所以《观因缘品》说:"诸法不自生,亦不从他生,不共、不无因,是故知无生。"④《中论》归结于无生,也就是缘生,如《无热恼请问经》说"若从缘生即无生"⑤。又如有与无二见,《中论·观有无品》是引《删陀迦旃延经》而加以破斥的⑥。《观涅槃品》也遮破涅槃是有、是无:"如佛经中说,断有断非有,是故知涅槃,非有

---

① 《杂阿含经》卷一一(大正二·八四中)。

② 《杂阿含经》卷一二(大正二·八六上——中),又卷一四(大正二·九三下)。

③ 《中论》卷二(大正三〇·一六中——一七上)。

④ 《中论》卷一(大正三〇·二中)。

⑤ 《菩提道次第广论》卷一九引经(汉藏教理院刊本四九下)。旧译《弘道广显三昧经》卷二说"缘异彼无生",是同本异译(大正一五·四九七中)。

⑥ 《中论》卷三(大正三〇·二〇中)。

亦非无。"①但世人又执涅槃是亦有亦无，或说是非有非无，所以又进一步遮破，而破是有、是无、是亦有亦无、是非有非无——四执。其实，遮破四句，是《阿含经》旧有的，如：有边，无边，亦有边亦无边，非有边非无边；常，无常，亦常亦无常，非常非无常；去，不去，亦去亦不去，非去非不去；我有色，我无色，我亦有色亦无色，我非有色非无色②。种种四句，无非依语言、思想的相对性，展转推论而成立。又如《观如来品》说："非阴非离阴，此彼不相在，如来不有阴，何处有如来？"③观我（我与如来，在世俗言说中，有共同义）与五阴，"不即、不离、不相在"，是《杂阿含经》一再说到的。即阴非我，离阴非我，这是一、异——根本的二边；不相在是我不在阴中，阴不在我中。这四句，如约五阴分别，就是二十句我我所见。由于世人的展转起执，《中论》又加"我（如来）不有阴"，成为五门推求。到月称时代，大抵异说更多，所以又增多到七门推求。

　　缘起，依依缘性而明法的有、无、生、灭。有是存在的，无是不存在，这是约法体说的。从无而有名为生，从有而无名为灭（也是从未来到现在名生，从现在入过去名灭），生与灭是时间流中的法相。缘起法的有与生，无与灭，都是"此故彼"的，也就是依于众缘而如此的。"此故彼"，所以不即不离，《中论》等的遮破，只是以此法则而应用于一切。一般的解说佛法，每意解为别别地一切法，

　　①　《中论》卷四（大正三〇·三五中）。
　　②　前三类四句，出十四不可记，如《杂阿含经》卷三四（大正二·二四五下）。我有色等四见，如《长阿含经》（二一）《梵动经》说（大正一·九二下）。
　　③　《中论》卷四（大正三〇·二九下）。

再来说缘起,说相依,这都不合于佛说缘起的正义,所以一一地加以遮破。随世俗说法,不能不说相对的,如有与无,生与灭,因与果,生死与涅槃,有为与无为等。佛及佛弟子的说法,有种种相对的二法,如相与可相,见与可见,然(燃)与可然,作与所作,染与可染,缚与可缚等。如人法相对,有去与去者(来与住例此),见与见者,染与染者,作与作者,受与受者,著与著者。也有三事并举的,如见、可见、见者等。这些问题,一般人别别地取著,所以不符缘起而触处难通。《中论》等依不即不离的缘起义,或约先后,或约同时,一一地加以遮破。遮破一切不可得,也就成立缘起的一切,如《观四谛品》说:"以有空义故,一切法得成。"①《观十二因缘品》,说明苦阴[蕴]的集与灭外,《中论》又这样说:

1."因业有作者,因作者有业,成业义如是,更无有余事。"

2."如是颠倒灭,无明则亦灭;以无明灭故,诸行等亦灭。"

3."今我不离受,亦不即是受,非无受、非无,此即决定义。"

4."是故经中说:若见因缘法,则为能见佛,见苦集灭道。"②

《中论》所显示的、成立的一切法,是缘起的,不能依世俗常

---

① 《中论》卷四(大正三〇·三三上)。
② 《中论》:1.卷二(大正三〇·一三上)。2.卷四(大正三〇·三二上)。3.卷四(大正三〇·三七上)。4.卷四(大正三〇·三四下)。

谈去理解,而是"八不"——不生、不灭、不常、不断、不一、不异、不来、不出的缘起,也就是要从即空而如幻、如化的去理解缘起法,如《中论》说:

1. "如幻亦如梦,如乾闼婆城,所说生住灭,其相亦如是。"

2. "如世尊神通,所作变化人;如是变化人,复变作化人。如初变化人,是名为作者;变化人所作,是则名为业。诸烦恼及业,作者及果报,皆如幻与梦,如炎亦如响。"

3. "色声香味触,及法体六种,皆空如炎、梦,如乾闼婆城。如是六种中,何有净不净?(净与不净)犹如幻化人,亦如镜中像。"

4. "五阴常相续,犹如灯火炎。"①

缘起的世间法,如幻、如化;出世的涅槃,"受诸因缘故,轮转生死中,不受诸因缘,是名为涅槃"②,也是依缘起的"此无故彼无,此灭故彼灭"而成立。说到如来,是"我"那样的五种求不可得,而也不能说是没有的,所以说"邪见深厚者,则说无如来"③。总之,如来与涅槃,从缘起的"八不"说,是绝诸戏论而不可说的:"如来性空中,思惟亦不可(非世俗的思辩可及)……如来过戏论,而人生戏论";"诸法不可得,灭一切戏论,无人亦无

---

① 《中论》:1.卷二(大正三〇·一二上)。2.卷三(大正三〇·二三中——下)。3.卷四(大正三〇·三一中)。4.卷四(大正三〇·三八下)。
② 《中论》卷四(大正三〇·三五中)。
③ 《中论》卷四(大正三〇·三〇下)。

处,佛亦无所说"①。如从八不的缘起说,那如来与涅槃,都如幻、如化而可说了,这就符合了《摩诃般若波罗蜜经》所说:"我说佛道如幻、如梦,我说涅槃亦如幻、如梦。若当有法胜于涅槃者,我说亦复如幻、如梦。"②

五 假名——受假

"假名",在《中论》思想中,有极重要的意义。首先,《般若经》的"原始般若",充分表示了一切法"但名"的意义,如《小品般若波罗蜜经》卷一(大正八·五三七中——下)说:

> "世尊! 所言菩萨菩萨者,何等法义是菩萨? 我不见有法名为菩萨。世尊! 我不见菩萨,不得菩萨,亦不见、不得般若波罗蜜,当教何等菩萨般若波罗蜜?"

> "世尊! 我不得、不见菩萨,当教何等菩萨般若波罗蜜? 世尊! 我不见菩萨法来去,而与菩萨作字,言是菩萨,我则疑悔。世尊! 又菩萨字,无决定,无住处,所以者何? 是字无所有故。"③

---

① 《中论》卷四(大正三〇·三〇下),又卷四(大正三〇·三六中)。

② 《摩诃般若波罗蜜经》卷八(大正八·二七六中)。

③ 《小品经》文,与玄奘所译《大般若波罗蜜多经》"第五分"最相近,如卷五五六(大正七·八六五下——八六六中)。"第四分"也相近,已明说"但有假名",如卷五三八(大正七·七六四上)。《佛说佛母出生三法藏般若波罗蜜多经》卷一,近于"第四分",但说"无定无住"为:"而彼名字,无住处非无住处,无决定无不决定"(大正八·五八七下),与现存梵本相同。这是参照"中本般若"(俗称"大品"),"是字不住亦不不住"而有所增补;《摩诃般若波罗蜜经》卷三(大正八·二三四上)。参阅《大般若波罗蜜多经》(第二分)卷四〇九(大正七·四七上)。

　　佛命须菩提,为菩萨说般若波罗蜜,而揭开了《般若经》的序幕。须菩提对佛说:说到菩萨,菩萨到底是什么呢? 我没有见到,也没有得到过有可以名为菩萨的实体。般若波罗蜜也是这样的不可见、不可得。这样,要我以什么样的般若波罗蜜来教示什么样的菩萨呢? 接着,从不见、不得菩萨与般若波罗蜜,进一步说:我不见有菩萨法,或(生)来,或(灭)去①,什么都不可得,我假使名之为菩萨,说菩萨这样那样,那是会有过失感而心生疑悔的。要知道,名字是没有决定性的(同一名字,可以有种种意义),不是落实在某一法上的,名字是无所有的。一切但有名字——唯名,没有实性,须菩提本着般若体悟的立场,所以这样说。说没有菩萨,没有般若,这就是为菩萨说般若波罗蜜了。如听了但有假名,一切不可得,而能不疑不怖,那就是菩萨安住于般若波罗蜜了。菩萨是人,般若是法,人与法都是假名无实的;这一法门,可能从一说部演化而来。

　　"原始般若"的人(菩萨)、法(般若)不可得,一切但有名字,在"中本般若"(一般称之为"大品")中有了进一步的说明:一切是"和合故有,是法及名字,亦不生不灭,但以名字故说;是名字亦不在内、亦不在外、不在中间"②,并对但名的一切,提出了三假说,如《摩诃般若波罗蜜经》卷二(大正八·二三一上)说:

---

　　① 《大般若波罗蜜多经》(第五分)卷五五六,作"若生若灭,若染若净"(大正七·八六六中)。

　　② 《摩诃般若波罗蜜经》卷二(大正八·二三一上)。参照《大般若波罗蜜多经》(第二分)卷四〇六(大正七·三〇上)。

　　"菩萨摩诃萨行般若波罗蜜,名假施设、受假施设、法
　　假施设,如是应当学。"

　　一切唯有假名,名字也只是假名,在般若中,一切都是不可
得的。然从世间一切去通达假名不可得,也不能不知道世俗假
名的层次性、多样性,所以立三种假。依《大智度论》,三假施
设,是三波罗聂提。波罗聂提,意译为假、假名、施设、假施设等。
这三类假施设,《大智度论》的解说,有二复次;初说是:"五众
[蕴]等法,是名法波罗聂提。五众因缘和合故名为众生,诸骨和
合故名为头骨,如根、茎、枝、叶和合故名为树,是名受波罗聂提。
用是名字取(法与受)二法相,说是二种,是为名字波罗聂提。"①
依论所说,法波罗聂提——法假,是蕴、处、界一一法。如色、声
等一一微尘,贪、嗔等一一心心所,阿毗达磨论者以为是实法有
的,《般若经》称之为法假施设。受假,如五蕴和合为众生,众骨
和合为头骨,枝叶等和合为树,这是复合物。在鸠摩罗什的译语
中,受与取(upādāna)相当,如五取蕴译为五受阴,所以受波罗聂
提,可能是 upādāna-prajñapti。受假——取假,依论意,不能解说
为心的摄取,而是依揽众缘和合的意思。名假,是称说法与受的
名字,名字是世俗共许的假施设。所说三假,在各种译本中是略
有出入的,如下②:

---

　　① 《大智度论》卷四一(大正二五·三五八中)。
　　② A,《摩诃般若波罗蜜经》卷二(大正八·二三一上)。B,《大般若波罗蜜多
经》(初分)卷一一(大正五·五八中)。C,(第二分)卷四〇六(大正七·三〇上)。
D,《放光般若波罗蜜经》卷二(大正八·一一下)。E,《光赞般若波罗蜜经》卷二(大
正八·一六三上)。F,《大般若波罗蜜多经》(第三分)卷四八二(大正七·四四八
上)。

A	B	C	D	E	F
名假施设	名假	名假	字法		名假
受假施设			合法	因缘合会	
				而假虚号	
法假施设	法假	法假		所号法	法假
	教授假	方便假	权法	所号善权	

要理解《般若经》的三假,可与阿毗达磨者的"有",作对比的观察,如《阿毗达磨大毗婆沙论》卷九(大正二七·四二上——中)说:

"然诸有者,有说二种:一、实物有,谓蕴、界等。二、施设有,谓男、女等。"

"有说五种:一、名有,谓龟毛、兔角、空花鬘等。二、实有,谓一切法各住自性。三、假有,谓瓶、衣、车乘、军、林、舍等。四、和合有,谓于诸蕴和合,施设补特伽罗。五、相待有,谓此彼岸、长短事等。"

阿毗达磨论师,立实物(法)有与施设有,这是根本的分类,与《大般若经》"第三分"(F本)但立名假与法假相合。依经说,我,头、颈等,草、木等,过去未来诸佛,梦境、谷响等,都说"如是名假,不生不灭,唯有等想施设言说"[1]。所以二假中的名假,与阿毗达磨者二种有中的施设有相当。《般若经》立三假:法假当然与实物有——实有相当。五种有中的假有、和合有,是施设有的再分类,与《般若经》的"受假"相当。名有,是龟毛、兔角等,

----

[1] 《大般若波罗蜜多经》(第三分)卷四八二(大正七·四四七下)。

在世俗中也只有假说的一类,可以含摄在名假中,但三假中的名假,重在称呼法与受的名字。不过,《般若经》的三假,有的不立受假(包含在名假中),别立方便假——教授假、权法等。这是说:佛为弟子教授、说法,都是方便善巧的施设,如《法蕴足论》引经说:"如是缘起,法住、法界,一切如来自然通达,等觉、宣说、施设、建立、分别、开示,令其显了。"①如来说法,本着自觉自证,而以方便施设名相,为众生宣说开示的。佛的教法,一切都是方便施设的。这本是《阿含经》以来的一贯见解,如《第一义空经》说"俗数法者,谓此有故彼有,此起故彼起"等②,缘起的集与灭。所说的"俗数法",《顺正理论》引经,译作"法假"③。阿毗达磨论者,虽知缘起等一切教法是方便施设的,而对于文句所诠表的法义,总是分为实有与假有。《般若经》明一切法但假施设,依《大智度论》所说,有次第悟入的意义,如说:"行者先坏名字波罗聂提,到受波罗聂提;次破受波罗聂提,到法波罗聂提;破法波罗聂提,到诸法实相中。诸法实相,即是诸法及名字空般若波罗蜜。"④

　　《中论》的空假中偈,在缘起即空下说"亦为是假名"。这里的假名,原文为 prajñapti upādāya,正是《般若经》所说的"受假施设"。依《中论》"青目释":"空亦复空,但为引导众生故,以假名说;离有无二边,故名为中道。"⑤假名是指空性说的:缘起法

---

① 《阿毗达磨法蕴足论》卷一一(大正二六·五〇五上)。
② 《杂阿含经》卷一三(大正二·九二下)。
③ 《阿毗达磨顺正理论》卷二八(大正二九·四九八中——下)。
④ 《大智度论》卷四一(大正二五·三五八下)。
⑤ 《中论》卷四(大正三〇·三三中)。

即空(性),而空(性)只是假名。所以缘起即空,离有边;空只是假名(空也不可得),离无边:缘起为不落有无二边的中道。当然,假名可以约缘起说,构成缘起为即空即假的中道。不过,依《般若经》三假来说,缘起是法假,空(性)应该是名假,为什么《中论》与《般若经》不同,特别使用这受假一词呢? 说一切有部的阿毗达磨,立二有、三有、五有,包含了一切实有、假有,并没有与受(假)相当的名字。受假,应该是从犊子部系来的。如《三法度论》卷中(大正二五·二四上——中)说:

> "不可说者,受、过去、灭施设。受施设,过去施设,灭施设,若不知者,是谓不可说不知。受施设(不知)者,众生已受阴、界、入,计(众生与阴、界、入是)一,及余(计异)。"

《三法度论》,是属于犊子部系的论典①。犊子部立不可说我,又有三类;受施设是依蕴、界、处而施设的,如《异部宗轮论》说:"犊子部本宗同义,谓补特伽罗[数取趣],非即蕴、离蕴,依蕴、处、界假施设名。"②补特伽罗——我,不可说与蕴等是一,不可说与蕴等是异。不一不异,如计执为是一或是异,这就是"不可说不知"。犊子部的我,是"假施设名"。此外,有《三弥底部论》,三弥底是正量的音译,正量部是犊子部分出的大宗。《三弥底部论》卷中(大正三二·四六六上——中)也说:

> "佛说有三种人。"

---

① 拙作《说一切有部为主的论书与论师之研究》(四五八——四六〇,本版三八八——三九〇)。

② 《异部宗轮论》(大正四九·一六下)。

　　"问曰：云何三种人？ 答：依说人，度说人，灭说人〔说者，亦名安，亦名制，亦名假名〕。"

　　三种人，与《三法度论》的三类施设（不可说我）相同。"依说人"的"说"，依小注，可译为安立、假名，可知是施设的异译，所以"依说人"就是"受施设我"。"依"或"受"，就是《中论》所说——prajñapti upādāya 中的 upādāya。这个字，有"依"、"因"、"基"、"取"（受）等意义，所以《般若灯论》解说为："若言从缘生者，亦是空之异名。何以故？ 因施设故。"①观誓的《般若灯论广注》，释"因施设"为 upādānam upādāya prajñapti，即"取因施设"。从犊子部出家的陈那，也有《取因施设论》。总之，《般若经》所说的"受假"，正是《中论》所说的 prajñapti upādāya（因施设）。这一术语，是由犊子部系中来的。

　　为了说明《中论》的缘起是假名——受假施设，所以分别地来说。一、佛的说法，以语句方便来表达，称为施设（假），如《般若经》的方便假、教授假，那是佛教界所公认的。对于所表示的内容，虽有"假名有"的，如五蕴和合名为我，枝叶等和合名为树，但总以为："假必依实"，有实法存在——实法有。如说一切有部，说蕴、处、界都是实有自性的；《俱舍论》以为：蕴是假而处、界是实有的；经部以为蕴、处是假而界是实有的。这些上座部系的学派，都是成立实法有的。大众部中，以说假为部名的说假部，立"十二处非真实"②；一说部说：诸法但名无实。有没有

────────────

　　① 《般若灯论》卷一四（大正二五・一二六中）。
　　② 《异部宗轮论》（大正四九・一六上）。

立实法为所依,传说中没有明确的记录。二、一切法从因缘生,从种种缘生,不从一因生,是佛教界所公认的。说一切有部立"法性恒住","三世实有",所以从因缘生,并非新生法体,法体是三世一如的。从缘生,只是众因缘力,法体与"生"相应,从未来来现在,名为生起而已。如经部,说现在实有而过未非实,所以从缘生是:界——一一法的功能,在刹那刹那的现在相续中,以缘力而现起,为唯识宗种子生现行说的先驱。这样的因缘所生,都是别别自性有的①。三、假名有——施设有,部派间也有不同的见解。如依五蕴而假名补特伽罗,依说一切有部,假有是无体的,所以说无我。犊子部系以为:依五蕴而施设补特伽罗,是受假,不可说与蕴是一是异,"不可说我"是(受假)有的。如即蕴计我,或离蕴计我,那是没有的,所以说无我。四、《般若经》立三假,着重于但名无实,名与实不相应,所以说:名字"不(在)内、不(在)外,不中间(住)"。约但名无实,"但以假名说",《中论》也采用这通泛的假施设,但论到缘起说,一切依缘而有(而生、而无、而灭)。缘性与所生法,不可说一,不可说异。缘起法的不一不异,在时间中,就是不断不常。这与犊子部说的受施设,不可说一,不可说异,也不可说是常、是无常,有共通的意义。不过犊子系但约补特伽罗说,而《中论》约缘起一切说。五、《大智度论》所释的"中本般若"——二万二千颂本,立三种假,约世俗法的层次不同而立,与其他"中本般若"不同。龙树"空假中偈"的假名——受假,正是依此经本而来。在种种假

———————

① 《摄大乘论》本卷上说:"此中依止阿赖耶识诸法生起,是名分别自性缘起。"(大正三一·一三五上)

中,龙树不取"名假",如一切是名假,容易误解,近于方广道人的一切法如空花。"名"是心想所安立的,也可能引向唯识说。后代有"唯名、唯表、唯假施设"的成语,唯表,玄奘就是译为"唯识"的。龙树也不取"法假",法假是各派所公认的,但依法施设,各部派终归于实有性,不能显示空义。龙树特以"受假"来说明一切法有。依缘施设有,是如幻如化,假而有可闻可见的相用,与空花那样的但名不同(犊子部系依蕴处等施设不可说我,与有部的假有不同,是不一不异,不常不断,而可说有不可说我的,古人称为"假有体家")。受假——依缘施设(缘也是依缘的),有缘起用而没有实自性,没有自性而有缘起用。一切如此,所以一切是即空即假的。龙树说"空假中",以"受假"为一切假有的通义,成为《中论》的特色。

六 空性——无自性空

《中论·观四谛品》说:"众因缘生法,我说即是空。"①众因缘生法——缘起法,就是空——空性。"我说",从前都解说为佛说,但原文是第一人称的多数,所以是"我等说"。缘起即是空性,是龙树那个时代部分大乘学者所共说的。上面说到,空在《般若经》中的主要意义,是涅槃、真如等异名。在上一章中,说到与《般若经》相近的文殊法门,以缘起为此土——释迦佛说法的先要,而文殊所说,却是"依于胜义","但依法界","依于解

---

① 《中论》卷四(大正三○·三三中)。

脱"，表示了声闻与大乘的分化对立。大乘说"一切皆空"，"一切皆如也"，"一切不出于法界"；依佛声教而开展的，被称为声闻部派佛教，大抵是有为以外说无为，生死以外立涅槃，所以形成严重的对立。声闻法与大乘法的方便施设当然有些差别，但也不应该那样的严重对立。释迦佛在《阿含经》中，依中道说法，也就是依缘起说。"此有故彼有，此生故彼生"，生死流转依缘起而集。"此无故彼无，此灭故彼灭"，生死也依缘起而还灭。依缘而集起，依缘而灭，生死与涅槃（涅槃，或说为空性、真如等），都依缘起而施设成立。龙树尊重释迦的本教，将《般若》的"一切法空"，安立于中道的缘起说，而说"众因缘生法［缘起］，我（等）说即是空"性。缘起即空，所以说"不离于生死，而别有涅槃"①。同时，迷即空的缘起而生死集，悟缘起即空而生死灭；生死与涅槃，都依缘起而成立②。缘起即空，为龙树《中论》的精要所在。阐发《阿含经》中（依中道说）的缘起深义，善巧地贯通了声闻与大乘，为后代的学者所尊重。

缘起法即是空（性），缘起法（也就是一切法）为什么即是空呢？如《回诤论》说：

"若法依缘起，即说彼为空；若法依缘起，即说无自性。"（颂。以下释）"诸缘起法，即是空性。何以故？是无自性故。诸缘起法，其性非有，无自性故。……无自性故说为空。"③

————————

① 《中论》卷三（大正三〇·二一中）。
② 如《中论》卷四《十二因缘品》说（大正三〇·三六中——下）。
③ 《菩提道次第广论》卷一七引文（汉藏教理院刊本三三上）。旧译《回诤论》（大正三二·一八上）。

以无自性明缘起即空,《中论》"青目释"也说:"众缘具足和合而物生,是物属众因缘故无自性,无自性故空。"①《大智度论》也一再说:"若从因缘和合生,是法无自性;若无自性,即是空。"②《中论》颂说:"如诸法自性,不在于缘中。""众缘中有(自)性,是事则不然。""阴合有如来,则无有自性。""汝若见诸法,决定有(自)性者,即为见诸法,无因亦无缘。……未曾有一法,不从因缘生,是故一切法,无不是空者。"③自性,是"自有"自成的,与众缘和合而有恰好相反。所以,凡是众缘有的,就没有自性;如说法有自性,那就不从缘生了。一切是依因缘而有的,所以一切是无自性的;一切无自性,也就一切法无不是空了。进一步说,由于一切法无自性空,所以一切依因缘而成立,"以有空义故,一切法得成"④,显示了龙树学的特色。依无自性来阐明缘起与空的一致性,而《阿含经》的一切依缘起,《般若经》(等)的一切法皆空,得到了贯通,而达成"缘起即空"的定论。说明龙树学的这一特色,还要从《阿含经》与《般若经》说起。

《阿含经》中,出家人在空静处修行,也就以空寂[静]来形容无取无著的解脱境地,所以"空诸欲","贪空、嗔空、痴空"。一方面,"空诸行",诸行是空的,无我我所。经中说:色如聚沫,受如水泡,想如阳焰,行如芭蕉,识如幻事,是譬喻诸行空的。空是无我无我所,在大众部中,就有解说为我空、法空了。所以,

---

① 《中论》卷四(大正三〇·三三中)。
② 如《大智度论》卷三七(大正二五·三三一中)。
③ 《中论》卷一(大正三〇·二中),卷三(大正三〇·一九下),卷四(大正三〇·三〇上),卷四(大正三〇·三三中)。
④ 《中论》卷四(大正三〇·三三上)。

"空"有空虚的意义,也有表示无著无累、解脱自在的意义。"原始般若",本是体悟甚深法相[性]的修行者,从证出教(不是从教义的探索而来),直率地表示自悟的境地,用来化导信众,所以说"以真法性为定量故"①。在般若法门的开展中,空是表示甚深法性的一个名词。在一切法不生,一切法清净,一切法(远)离,一切法寂灭[静],一切法空,一切法无所有,一切法不可得,一切法无所依,一切法不可思议……这一类词语中,"空"是更适合于即一切法而示如实相的。"空"在《般若经》中广泛应用,终于成为《般若经》的特色。般若法门是重实践的,直观一切法本空(空是同义异名之一),但法流人间,闻思修习,应有善巧的施设。上一章曾列表说明:空、无所有、无生、远离、寂静等,是表示(悟入的)甚深法性的;空、无所有、虚妄、不实等,是表示一般虚妄事相的。空(与无所有)是通贯了虚妄的一切法与一切法甚深相的。一切虚妄不实是缘起无自性(空)的,无自性空即涅槃空寂。以无自性而明缘起即空,成为生死即涅槃,大乘深义最善巧的说明。

　　自性是自有的,所以依众缘和合而如此的,不能说有自性,有自性的就不从缘生。《中论》卷三(大正三〇·一九下、二〇中)说:

　　　　"众缘中有(自)性,是事则不然。性从众缘出,即名为作法。……性名为无作,不待异法成。"

────────

　　① 《大般若波罗蜜多经》(第四分)卷五三八(大正七·七六四下),又(第五分)卷五五(大正七·八六六下)。

　　"若法实有性,后则不应(有变)异。"

　　缘起,是佛教界所公认的,但一般以为:——法是实有自性
的,有自性法从因缘和合而生起。依龙树学来说,这是自相矛盾
的,有自性(自有),那就不用从因缘生了。从因缘生的,就是作
法,所作法是不能说是自性有的。如实有自性,也就不可能有变
异。自性是不待他的与他无关的自体,不可能变异,应该是常恒
如此的,这与从缘所生法不合。不待他、不变异的自性,是根源
于与生俱来的无明。呈现于心识中的一切,直觉得确实如
此——实在感,从来与我们的认识不分的。就是发觉到从因缘
生,不实、变异等,也由于与生俱来的无知,总是推论为:内在的、
微细的,是自性有,达到"假必依实"的结论。依《中论》说:龙树
彻底否定了自性有,成为无自性的,缘起即空的法门。因为一切
无自性,所以一切法空,依无自性而契入空性,空性即涅槃、寂静
等异名。空,不是没有,举譬喻说,如虚空那样的无碍,空是不碍
有的。由于空无自性,所以依缘起而一切——世出世法都能成
立。反之,如一切不空,是自性有,那就不待因缘,一切法都不能
成立了。龙树明确地宣说:

　　1."以有空义故,一切法得成;若无空义者,一切则
不成。"

　　2."若人信于空,彼人信一切;若人不信空,彼不信
一切。"①

---

① 《中论》卷四(大正三〇·三三上)。《回诤论》(大正三二·一五上)。

这是依空以成立一切的。空无自性,所以依缘而起一切,因无自性空,所以即缘起而寂灭。缘起即空,所以缘起所生即涅槃。《阿毗达磨法蕴足论》卷一一引经(大正二六·五〇五上)说:

> "若佛出世,若不出世,如是缘起法住、法界。一切如来自然通达,等觉、宣说、施设、建立、分别、开示,令其显了。……此中所有法性、法定、法理、法趣,是真、是实、是谛、是如,非妄、非虚、非倒、非异。"①

(真)如、法界等,是形容缘起法的,而在大乘经中,真如有十二异名:"真如,法界,法性,不虚妄性,不变异性,平等性,离生性,法定,法住,实际,虚空界,不思议界。"②而真如、法界等,是被解说为涅槃异名的③。一般说,缘起是有为,涅槃是无为。佛法本以缘起法为宗,而"般若"等大乘佛法,却以真如、法界等为本,在解行上形成严重的对立。龙树一以贯之,出发于缘起——众因缘生法,但名无实,无自性故自性空。于是缘起是即空(性、涅槃异名)的缘起,空性是不碍缘起的空性。说缘起法性是如、法界,或说涅槃即如、法界,只是说明的方便不同,而实义是一致的。八不——空的缘起说,真是善巧极了!

空,龙树以无自性来解明,固然是继承"中本般若"以来渐着重倾向于虚妄无实的空义,也有针对当时部派佛教的"对治"

---

① 参阅《杂阿含经》卷一二(大正二·八四中)。
② 《大般若波罗蜜多经》(第二分)卷四〇二(大正七·八下)。
③ 《摩诃般若波罗蜜经》卷一七(大正八·三四四上)。

意义。初期的《阿含经》,有 prakṛti——本性(也有译为自性的),而没有 svabhāva——自性一词,自性是部派佛教所有的术语。佛说的一切法——色、心、心所等,佛弟子研求一一名词的特相——自相,又从相而论究一一法的实质,就称为"自性"。这对于经说的解说,明确而不致误解,是有必要的。但探求实体,终于达到"假必依实"的结论;论到一一法的因果、生灭,关涉到未来、现在、过去时,引出"法性恒住"的思想。这是一大系,除说一切有部外,犊子部及其分出的(四)部派,都是主张一切有自性的。《大毗婆沙论》说:"谓彼(犊子部)与此(说一切有部)所立义宗,虽多分同而有少异。谓彼部执……补特伽罗体是实有。彼如是等若六若七,与此不同,余多相似。"①可见这两大派,起初不过六七义不同而已。这一思想系,在西、北印度,有广大的教区,极为兴盛。这一系以为:一一法是实有自性的。从未来来现在,从现在入过去,似乎有生灭、有变异,其实"体实恒有,无增无减,但依作用,说有说无"②。"诸行自性,无有转变。……谓一切法各住自体。……有转变者,谓有为法得势时生,失势时灭。"③这是以一一(有为)法为本来如此的:现在是这样,(未生时)未来也是这样,(已灭)过去也还是这样。所以说"三世实有,法性恒住"。恒,是在时间(三世)流中,始终是没有增减、没有变异的。佛说从因缘生,并非说法自性——自体有生灭、变异,只是因缘和合时,作用的现起与灭失,说有说无而已。

————

① 《阿毗达磨大毗婆沙论》卷二(大正二七·八中)。
② 《阿毗达磨大毗婆沙论》卷七六(大正二七·三九五下——三九六上)。
③ 《阿毗达磨大毗婆沙论》卷三九(大正二七·二〇〇上——中)。

有为生灭法有自性,不生灭的无为法也是实有自性的。这一类思想,在南印度大众部系中的安达罗派(共有四部),以为"一切法有,三世各住自位";"一切法自性决定"①。虽不能充分了解他们的法义,但显然与说一切有部有同样的意趣。龙树专依缘起的无自性说空,可说是破斥当时盛行的"自性有"者,处于完全相反的立场。

世间的理论,每每敌体相反的,却有类似的意见。如《大智度论》卷三二(大正二五·二九七中——下、二九八下)说:

> "诸法如,有二种:一者,各各相;二者,实相。各各相者,如地坚相,……实相者,于各各相中分别求实不可得,不可破。……若不可得,其实皆空,空则是地之实相[性]。一切别相皆亦如是,是名为如。"

> "一一法有九种:一者,有体;二者,各各有法;……知此法各各有体、法具足,是名世间下如。知此九法终归变异尽灭,是名中如。……是法非有非无,非生非灭;灭诸观法,究竟清净,是名上如。"

如——真如,是表示如此如此、无二无异的。这一名词,可通于几方面。初段文,分为二:一、坚等一一法性,是一直如此,"不舍自性"的,所以世间坚等性也可以名为如。二、推求一一法的实性不可得,"其实皆空",空是如如不异(并不是一)的,是一切法的实性,这也名为如。第二段文,分如为三类:下如,是一

---

① 《论事》(南传五七·二一二——二一八),又(南传五八·四一三——四一四)。

切法坚等自性。中如是无常等共相。上如就是实性——空,非生灭、非有无。从这段论文,可看出一般的自性有与空性有类似处。依说一切有者说:一一法自性恒住,不增不减,非生非灭;以因缘起用,所以说生说灭,说有说无。依龙树论说:空性是一切法的实性,也可名为(胜义)自性。空性是不生不灭,非有非无的;依因缘力,而说为生灭有无。这不是有些类似吗? 当然这是根本不同的。一切有者的一一法自性,是自有而无限差别的;无限差别的自性,彼此间不能说有什么关系;法自性是这样的,又依法作用说变异,不免矛盾! 龙树的缘起即空性是超越数量的,超越数量的空性,不碍一切。空无自性,非别别的存在,所以可说依缘而不一不异,成立一切法。这是彻底相反的,然通过无自性空的缘起法,是三世一如的,如幻(这是譬喻)的三世一切有者。缘起无自性的有,不但一切法有,我也是有的。说一切有部说法是自性有,补特伽罗[数取趣]是假有。犊子部说法是自性有,不可说我是受假,也是有的,似乎更近于犊子部系,因此联想到,《中论·观本住品》是破婆私弗多罗——犊子部的①。《观三相品》破生生、住住、灭灭时,破说一切有部;而《般若灯论》说:犊子部执一法起时,“总有十五法起”②,也是破犊子部的。特别是,说一切有部说法有我无,所以论究法义,不立作者、受者,也就不用破斥。《中论》一再的破“者”,如“见者”、“闻者”、“染者”、“作者”、“受者”、“去者”、“合者”,这都是遮破实有我的。

---

① 《般若灯论》卷六(大正三〇·八二中)。
② 《般若灯论》卷五(大正三〇·七五下)。

犊子部说："四大和合有眼法,如是五众[蕴]和合有人[补特伽罗]法。"①《中论》彻底地破斥了它,成立无自性的缘起有的我、法,如说:"因业有作者,因作者有业,成业义如是,更无有余事。"②从《中论》立"受假",成立无自性的我、法来说,与犊子部相反,而却又非常相似的。

《阿毗达磨大毗婆沙论》卷七五(大正二七·三八八中——下)说:

> "虚空非色……无见……无对……无漏……无为。……若无虚空,一切有物应无容处;……应一切处皆有障碍。"

说一切有部等所立虚空无为,是与色法——物质不相障碍的绝对空间;是不生灭的无为法,不属于物质,而为物质存在与活动的依处。《般若经》中,每以虚空来比喻一切法空。《中论》说"以有空义故,一切法得成",《般若经》的虚空喻以外,说一切有部等的虚空无为应有重要的启发性。经上说一切法空,空性无差别,一切依世俗而假立。然空性对于一切法的成立,似乎没有关系。如"不坏真际建立诸法","依无住本立一切法",也只是依处,如大地在空中一样。而虚空无为,不但是色法的依处,而且是无碍的,所以有色法活动的可能。以此来喻解空性,不但一切法不离于空性,正因为空无自性,而一切依缘起才成为可能。所以《中论》的特义,以有(无自性)空义而一切得成,虚空

---

① 《大智度论》卷一(大正二五·六一上)。
② 《中论》卷二(大正三〇·一三上)。

无为应有启发性的。

"性空之空义,是缘起义,非作用空无事之义"①,只是无有自性。空性也是无自性的,所以《中论》说:"实无不空法,何得有空法?"②无自性空,是涅槃异名,在圣智通达中,脱落一切名、相、分别,是一切不可说的。《般若经》说:"一切法不可说,一切法不可说相即是空,是空(亦)不可说。""是法不可说,佛以方便力故分别说。"③不可说而不得不说,依世俗假名说,名为空(性),名为真如等,这是不能依名著相的,所以《中论》说:"空则不可说,非空不可说,共、不共叵说,但以假名说。"④一切不可说,为什么要说是"空"呢?当然是"但为引导众生故以假名说"。引导众生的意趣,如《中论》卷二(大正三〇·一八下)说:

"大圣说空法,为离诸见故;若复见有空,诸佛所不化。"

这一颂,是依《大宝积经》——"一切诸见,以空得脱;若起空见,则不可除"而说的⑤。众生迷著——无明,根本是我我所见。从《阿含经》以来,无我我所空。萨迦耶见为一切烦恼的上首,离我我所见,即离一切见而得解脱。为了离见而说空,如取著于空,那是如以药治病,药又成病,就难以治愈了。《大智度论》释"空相应名为第一相应"说:"空,是十方诸佛深奥之藏,唯

---

① 《菩提道次第广论》卷一七(汉藏教理院刊本三一下)。
② 《中论》卷二(大正三〇·一八中)。
③ 《摩诃般若波罗蜜经》卷一七(大正八·三四五下)。
④ 《中论》卷四(大正三〇·三〇中)。
⑤ 《大宝积经》(四三)《普明菩萨会》(大正一一·六三四上)。

一涅槃门,更无余门能破诸邪见戏论。是(空)相应,不可坏,不可破,是故名为第一。"①由于解释《般若经》,当然会着眼于脱落名相的空义,《大智度论》一再地说:

> 1."法空中,亦无法空相,汝得法空心著故而生是难(一切皆无)。是法空,诸佛以怜悯心,为断爱结、除邪见故说。"
>
> 2."欲令众生得此毕竟空,远离著心。毕竟空但为破著心故说,非是实空。"
>
> 3."如执事比丘高声举手唱言:众皆寂静! 是为以声遮声,非求声也。以是故,虽说诸法空、不生不灭,愍念众生故,虽说非有也。"
>
> 4.(以指指月喻)"诸佛贤圣为凡夫人说法,而凡夫著音声语言,不取圣人意,不得实义;不得实义故,还于实(义)中生著。"
>
> 5."当取说意,莫著语言!"②

《般若经》是重于行的;《中论》也是以观一切法,离见而契入空性为宗的。受到后学的推重,探究发扬,成为不同的派别。从分别善巧、辨析精严来说,是大有功德的。但如忘失教意,专在论议上判是非,怕要失去龙树的宗趣了!

---

①　《大智度论》卷三七(大正二五·三三四下)。
②　《大智度论》:1.卷二〇(大正二五·二〇七中)。2.卷六三(大正二五·五〇八下)。3.卷六(大正二五·一〇五下)。4.卷四三(大正二五·三七五上)。5.卷三五(大正二五·三一八下)。

七　中道——中论与中观

《中论·观四谛品》,在缘起即空,亦是假名以下,接着说:亦是中道。上文曾经说到:中道的缘起,是《阿含经》说;《般若经》的特色,是但有假名(无实),本性空与自性空。自性空,约胜义空性说;到"中本般若"末后阶段,才以"从缘和合生无自性",解说自性空。自性空有了无自性故空的意义,于是龙树起来,一以贯之,而说出"众因缘生法,我说即是空,亦为是假名,亦是中道义"——大乘佛法中最著名的一偈。

中道,是佛法也是佛弟子遵循的唯一原则。一切行为,一切知见,最正确而又最恰当的,就是中道,中是不落于二边——偏邪、极端的。以行来说,《拘楼瘦无诤经》说:耽著庸俗的欲乐是一边,无义利的自苦行是一边,"离此二边,则有中道",中道是八圣道①。这一教授,是多种"经"、"律"所说到的。如佛教化二十亿耳说:如"弹琴调弦,不急不缓,适得其中,为有和音可爱乐"。所以"极大精进,令心调[掉举]乱;不极精进,令心懈怠。是故汝当分别此时,观察此相"②。修行也要适得其中,是要观察自己身心,善巧调整的。如炼金那样,不能"一向鼓韛","一向水洒","一向俱舍",而要或止、或举、或舍,随时适当处理的,

---

① 《中阿含经》(一六九)《拘楼瘦无诤经》(大正一·七〇一中——下)。《中部》(一三九)《无诤分别经》(南传一一下·三二〇——三二一)。

② 《杂阿含经》卷九(大正二·六二下)。《中阿含经》(一二三)《沙门二十亿经》(大正一·六一二上——中)。《增支部》"六集"(南传二〇·一二九)。

这才能"心则正定,尽诸有漏"①。因此,修行成就无相心三昧的,"是不踊不没",心住平等的②。这一原则,应用于知见的,就是"处中说法"的缘起,缘起法不落二边——一与异,断与常,有与无。正确而恰当的中道,不是折中,不是模棱两可,更不是两极端的调和,而是出离种种执见,息灭一切戏论。从这一原则去观察,《般若经》的但名无实,自性皆空,只是缘起中道说的充分阐明。缘起法为什么是中? 缘起法是无自性的,所以但有假名(无实);缘起法是无自性的,所以即是空。空,所以无自性,是假名的缘起;假名的缘起,所以离见而空寂。以假名即空——性空唯名来说缘起的中道,中道是离二边的,也就是《中论》所说的八不。依中道——八不的缘起(假名),能成立世俗谛中世出世间一切法;依中道——缘起的八不(空),能不落诸见,契如实义(胜义)。所以《中论》最著名的一颂,可表解如下:

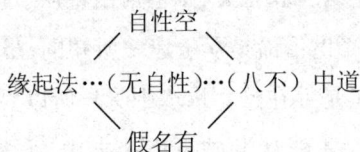

　　"中本般若"后分,一再地说到二谛,《中论》也是以二谛来说明佛法的,如卷四(大正三〇·三二下——三三上)说:

　　　"诸佛依二谛,为众生说法:一以世俗谛,二第一

----

① 《杂阿含经》卷四七(大正二〇·三四二上)。《增支部》"三集"(南传一七·四二二——四二三)。

② 《杂阿含经》卷二〇(大正二·一四五下——一四六上)。《增支部》"九集"(南传二二上·一二六——一二七)。

义谛。"

"若不依俗谛,不得第一义;不得第一义,则不得
涅槃。"

佛为众生说法,不能不安立二谛;如没有相对的"二",那就
一切不可说了。如世间众生所知那样的,确实如此,名为世俗
谛,谛是不颠倒的意思。第一义谛——胜义谛,是圣者所知的真
实义。众生世间所知,虽然共知共见,确实如此,其实是迷惑颠
倒,所以生死不已。求胜义的佛法,是要于世间一切法,离颠倒
迷惑而通达实义,这是安立二谛的根本意趣。然第一义谛,世间
的名、相、虚妄分别,是不能表达的,所以说胜义谛如何如何,还
是依世俗谛方便说的。如《摩诃般若波罗蜜经》说:"如是(空
性)等相,是深般若波罗蜜相。佛为众生,用世间法故说,非第
一义。"[1]"若名字因缘和合无,则世俗语言众事都灭;世谛无故,
第一义谛亦无。"[2]世俗谛是众生迷谬所知的,虽是惑乱,却是重
要的,我们凡夫正是处在这一情境中呀! 所以要依止世俗谛,才
能表示第一义谛,才能从勘破世俗迷妄中,去通达胜义谛。依
《中论》的二谛来观察龙树最著名的一偈:众生迷妄所知的世俗
谛,佛说是缘起的;依缘起而离边见。能正确地体见实义,这就
是中道。但一般人、部派佛教者,不能如实地理解缘起,到头来
总是陷入"依实立假"的窠臼,不能自拔。所以《般若经》说:一
切法是假名,通达自性空寂,这就是二谛说。《中论》依缘起立

---

① 《摩诃般若波罗蜜经》卷一四(大正八·三二五中)。
② 《大智度论》卷四二(大正二五·三六五上)。

论:缘起法即空性,显第一义;缘起即假名,明世俗谛。这样的假有即性空,性空(也是依假名说)不碍假有,就是缘起离二边的中道。说缘起即空、亦假、亦中(《回诤论》说缘起、空、中道是同一内容),而只是二谛说。即空即假即中的三谛说,不是龙树论意。

　　引人转迷向觉,依世俗谛说法:缘起无自性故空,空故依缘起有——中道说,能善立一切法,远离一切见,可说是非常善巧的教说!不过世俗的名言是"二",是没有决定性的;名义内在的相对性,在适应众生,随时随地而流行中,不免会引起异议,那也是世间常法。依第一义谛,空、无生等,只是一个符号,并不等于第一义。如空以离诸见为用,著空也就不是中了,所以说"空亦复空","空亦不可得"。而且,在缘起即空的观行中,正如上引经文所说,要随时善巧地适得其中,《大智度论》这样说:

　　1.“般若波罗蜜,离二边,说中道:虽空而不著空,故为说罪福;虽说罪福,不生常邪见亦于空无碍。”

　　2.“菩萨住二谛中,为众生说法。不但说空,不但说有;为爱著众生故说空,为取相著空众生故说有,有无中二处不染。”

　　3.“有相是一边,无相是一边,离是二边行中道,是诸法实相。”

　　4.“般若波罗蜜者是一切诸法实相,……常是一边,断灭是一边,离是二边行中道。……此般若波罗蜜是一边,此非般若波罗蜜是一边,离是二边行中道,是名般若波罗蜜。"①

1.2.是为众生说中道。1.说者说有而不生常等见,说空而不著空。2.对治众生的偏执,为著空者说有,为著有者说空。这样,才是善说中道。3.4.是"中道行"。在般若行中,有相是一边,无相——空也是一边;是般若与非般若的分别,也都是一边。般若行是以不取著为原则的,如心有取著,即使是善行、空行,也都是边而非中。《般若经》称之为"顺道法爱生"②,譬喻为"如杂毒食"③。佛所开示的解脱道,如空、无所有、无相,《阿含经》早已指出:观无我我所——无所有,有的以慧得解脱,染著的不得解脱,就生在无所有处;观一切无相的,有的以慧得解脱,如染著而不得解脱,就生在无想处——非想非非想处④。原理与方法是有准则的,但还是世俗的,是否能善巧适中,那真如中国所说:"运用之妙,存乎一心"了。学者应注意佛法的实践性,不只是《中论》而更是"中观"才得!

八　如幻——即空即假之缘起

《中论》在论破异执后,每举譬喻来说明,譬喻是佛法教化

---

① 《大智度论》:1.卷七〇(大正二五·五五一上)。2.卷九一(大正二五·七〇三中)。3.卷六一(大正二五·四九二下)。4.卷四三(大正二五·三七〇上——中)。

② 《摩诃般若波罗蜜经》卷三(大正八·二三三中)。

③ 《摩诃般若波罗蜜经》卷一一(大正八·二九九下)。

④ 《中阿含经》(七五)《净不动道经》(大正一·五四二下——五四三上)。《中部》(一〇六)《不动利益经》(南传一一上·三四二——三四五)。

的一种方便。《摩诃般若经》中，说幻等十喻①。《中论》依《般若经》，说幻、化等譬喻，是为了表示一切法是空无自性的，如卷四（大正三〇·三一中）说：

> "色、声、香、味、触及法体六种，皆空如炎、梦，如乾闼婆城。如是六种中，何有净、不净？犹如幻化人，亦如镜中像。"

色等六尘，可总摄众生所知的一切法。在众生心境中，这一切似乎确实如此，其实是虚诳颠倒，而并非真是那样的。这是被譬喻为如阳焰、如梦等的意趣；这些譬喻，是譬喻一切法空的。在无始惯习的意识中，虽多少知道虚假不实，而总觉得"假必依实"，"依实立假"。对这些譬喻，也会这样的解说，如幻化就分别为二，幻化者与幻化事。以为幻化事，当然是虚假不实的，而能幻化的幻化者，不能说是没有的。所以对幻化喻，就解说为幻化事——境相是空无有实的，能幻者——心识是不空的。《般若经》与龙树却不是这样解说的，如《中论》卷三（大正三〇·二三中——下）说：

> "如世尊神通，所作变化人；如是变化人，复变作化人。如初变化人，是名为作者；变化人所作，是则名为业。诸烦恼及业，作者及果报，皆如幻与梦，如炎亦如响。"

从变化人再起变化人的譬喻，只是为了说明，能幻化者与所幻化事，一切都是幻化那样。幻化等譬喻，是譬喻众缘所生法

---

① 《摩诃般若波罗蜜经》卷一（大正八·二一七上）。

的;一切法是缘起的,所以一切如幻化——一切皆空。空是无自性的,也是假名有的,所以一切法如幻化等,不但是譬喻空的,也譬喻世俗有。《大智度论》卷六(大正二五·一○一下、一○五下)说:

　　"是十喻,为解空法故。……诸法相虽空,亦有分别可见、不可见。譬如幻化象、马及种种诸物,虽知无实,然色可见、声可闻,与六情相对,不相错乱。诸法亦如是,虽空而可见、可闻,不相错乱。"

　　"诸法虽空而有分别,有难解空,有易解空。今以(幻化等)易解空,喻(根、境、识等)难解空。……有人知十喻(是)诳惑耳目法,不知诸法空故,以此(十喻)喻诸法。若有人于十譬喻中,心著不解,种种难论,以此为有,是十譬喻不为其用,应更为说余法门。"

幻化等譬喻,表示一切法是无自性空的,然在世俗谛中,可见、可闻,是不会错乱的。世俗法中,因果、善恶、邪正,是历然不乱的,不坏世间法相。在世间所知中,知道有些是空无有实的,如幻化等,但有些却不容易知道是空的,所以说易解空——十喻,比喻难解的虚伪不实。譬喻,应该理解说譬喻者的意趣所在! 所以对那些以为没有幻事而有幻者,没有梦境而有梦心,甚至以为梦境也是有的,不过错乱而已。不能理会说譬喻者的用心,专在语文上辨析问难,譬喻也就无用了!

　　一切法如幻如化,也有不如幻如化的吗? 依经文,可以这么说,不过是不了义的。《摩诃般若波罗蜜经》卷二六(大正八·

四一六上)说：

> "佛告须菩提：若有法生灭相者，皆是变化。……若法
> 无生无灭，是非变化；……不诳相涅槃，是法非变化。"

> "诸法平等，非声闻作，非辟支佛作，非诸菩萨摩诃萨
> 作，非诸佛作，有佛无佛，诸法性常空，性空即是涅槃。……
> 若新发意菩萨，闻是一切法毕竟性空，乃至涅槃亦皆如化，
> 心则惊怖。为是新发意菩萨故，分别(说)生灭者如化，不
> 生不灭者不如化。"

生灭法是如化的；不生不灭是不如化的，就是涅槃。大乘法
也有这样说的，那是为新学菩萨所说的不了义教。如实地说，一
切法平等性(法法如此的)，自性常空，性空就是涅槃，涅槃当然
也是如化的。《小品般若经》说一切法如幻如梦："我说涅槃亦
如幻如梦。……设复有法过于涅槃，我亦说如幻如梦。"①一切
法性空，一切法如幻，是般若法门的究竟说。大乘法中，如对一
切有为(生灭)法，说无为自性，无为自性与有为法异，那也是为
新学者所作的不了义说。如《摩诃般若波罗蜜经》卷一〇(大正
八·二九二中)说：

> "云何有为诸法相？……云何名无为诸法相？若法无
> 生无灭，无住无异，无垢无净，无增无减，诸法自性。云何名
> 诸法自性？诸法无所有性，是诸法自性，是名无为诸
> 法相。"

---

① 《小品般若波罗蜜经》卷一(大正八·五四〇下)。

这段经文,分别有为法相[性]与无为法相[性],无为法性就是诸法自性。有为法外别立的诸法自性,不生不灭,不垢不净,不增不减,与《入中论》所立的胜义自性相当①。《大智度论》卷五九解说(大正二五·四八〇下)为:

> "有为善法是行处,无为法是依止处,余无记、不善法,以舍离故不说,此是新发意菩萨所学。若得般若波罗蜜方便力,应无生忍,则不爱行法,不憎舍法,不离有为法而有无为法,是故不依止涅槃(无为、诸法自性)。"

佛为引导众生,依二谛说法,说此说彼——生死与涅槃,有为与无为,缘起与空性。其实,即有为为无为,即生死为涅槃,即缘起为空性。《中论》所说,只此无自性的如幻缘起,即是空性,即是假名,为般若法门的究竟说。
